教育部人文社会科学研究青年基金项目（项目批准号：19YJC760148）

ZHONGGUO
CHUANTONG YUANSU
YU FUSHI SHEJI

中国传统元素与服饰设计

战 红 著

SWUP 西南大学出版社
国家一级出版社 全国百佳图书出版单位

图书在版编目（CIP）数据

中国传统元素与服饰设计 / 战红著 . -- 重庆 : 西南大学出版社 , 2023.1
ISBN 978-7-5697-1364-0

Ⅰ . ①中… Ⅱ . ①战… Ⅲ . ①中华文化－关系－服装设计－研究 Ⅳ . ① K203 ② TS941.2

中国版本图书馆 CIP 数据核字 (2022) 第 119979 号

中国传统元素与服饰设计

ZHONGGUO CHUANTONG YUANSU YU FUSHI SHEJI

战红　著

选题策划：袁　理
责任编辑：邓　慧　袁　理
责任校对：徐庆兰
装帧设计：殳十堂_未　氓
出版发行：西南大学出版社（原西南师范大学出版社）
地　　址：重庆市北碚区天生路 2 号
邮政编码：400715
本社网址：http：//www.xdcbs.com
网上书店：https：//xnsfdxcbs.tmall.com
电　　话：（023）68860895
排　　版：重庆新金雅迪彩色印刷有限公司
印　　刷：重庆长虹印务有限公司
幅面尺寸：210mm×285mm
印　　张：7
字　　数：215 千字
版　　次：2023 年 1 月 第 1 版
印　　次：2023 年 1 月 第 1 次印刷
书　　号：ISBN 978-7-5697-1364-0
定　　价：56.00 元

PREFACE

前言

21 世纪的今天，时尚界在流行中国风

20 世纪初，受政治、经济、战争、工业革命等影响，人类社会进入现代社会，人类的着装开始受西方国家生产力、生活方式和审美方式的影响，呈现西化现象。但 21 世纪的今天，我们发现，时尚审美和服饰的流行趋势在往个性化、民族风的方向行进。在新的世纪，随着社会政治稳定、经济繁荣，中国的古典文化、传统文化开始复兴，时尚界流行起了中国风，而这股中国风，正在愈刮愈烈，逐渐占据世界时尚舞台。这一社会现象的出现也在向全世界宣告着中华民族古典文化、传统文化的复兴和回归。

目 录

CONTENTS

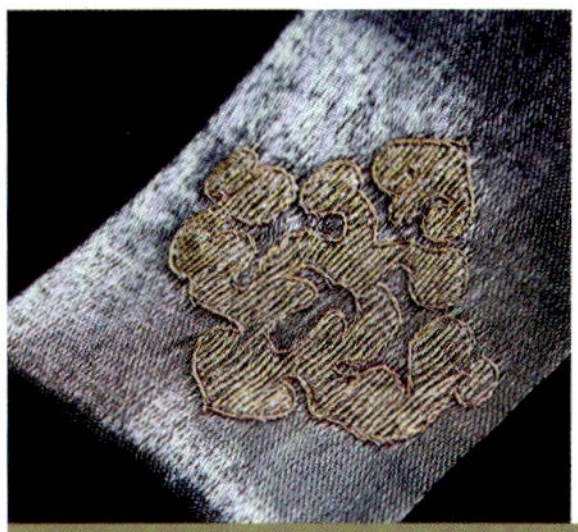

第一章 概述

第二章 2000 年之后兴起的国风潮牌

第三章 传统旗袍的现代设计演绎

第四章 国风配饰之美

第五章 国风潮牌“潮”在哪里?

第六章 原创服装营销方法与原创设计意义的思考

第一章
概述

第一节 中国时装产业现状简析

如果你一直有留意近几年的各种秀场表演及潮流街拍，一定会发现一个趋势，那就是中国风的渐入。随着中华文化在世界范围的传播与普及，从奢侈品牌到潮流街头品牌，时尚界的中国风正在越刮越猛。尤其2000年之后，随着80后和90后这些年轻的中国服装设计师的崛起，中国原创设计师品牌也如同雨后春笋一样，悄然出现，蓬勃发展。

新中国成立以来，中国的服装产业正在发生着巨大的变化。20世纪70年代至20世纪90年代，中国服装产业为国外品牌代加工生产大批量外销产品的经营模式已伴随经济发展慢慢遭到淘汰。而随着经济的发展，劳动力成本在不断提高，这使得生产成本也不断增加，为国外品牌代加工已没有低成本的优势。且随着中国劳动力成本的上升，很多国外的大品牌在中国的制造业务萎缩，订单逐渐转向东南亚等劳动力成本更低的国家。中国的服装企业，尤其是很多以为国外品牌做代加工生存的企业，将面临没有订单可做的危险，从而走向倒闭。

与此相反，随着国内经济的飞速发展，国内市场变得越来越大，甚至远远超越国外市场。同时，伴随着国内互联网营销模式的兴起，淘宝、天猫、京东等电商平台，以及微信商务和直播平台，这些新的营销平台冲击了传统的销售市场，使得服饰品线下销售急剧萎缩，面临困境，而线上业务却蓬勃发展。互联网这种新的营销平台的成熟，使得商业的基本单位将不再是公司而是个人。从服装设计、生产和销售这一角度看，我们看到2000年之后淘宝上的服装设计师原创品牌越来越多，而这些品牌都是由一些有着较高学历，拥有良好的国内外高等教育背景的中国年轻设计师借助淘宝等一些便利的网络经营平台建立起来的。这些品牌设计风格新颖，款式独特，文化意味强，艺术品位高，迎合了中国当下年轻人的审美情趣和个性化追求，而且由于这些品牌线上运营成本低廉，服装价格自然较传统营销模式下的品牌低，且网络营销直达终端的特点使这些品牌受众面广，商家的盈利空间和发展空间都很大。由于网络平台的优势，这些原创设计师品牌的设计、生产和销售与传统的设计、生产和销售有着非常大的区别。设计师不需要大量资金的投入，只需要少量资金，建立网店，就可以在其中发布自己的作品样衣，然后汇集订单，再进行小批量有针对性的生产，不存在大量存货压货的问题。而且借助网络这一平台，设计师与消费者直接联系，没有过多的中间商加入，省去了代理等中间环节，商品状况好坏直接由消费者反馈给设计师，也省去了中间环节的高额费用。设计师还可以根据市场消费态度随时调整自己的设计，不会造成资源和时间的浪费。这些线上的原创设计师品牌越来越成熟，对传统的线下品牌有着非常大的冲击。

新的营销模式逐渐催生了新的设计和生产模式，以前，从工厂到消费者之间是一道长长的供应链，中间间隔着研发、营销等环节，工厂和消费者之间是“弱关系”互动，而且工厂生产了什么，消费者就得买什么。如今，消费者可以通过互联网直接同工厂建立“强关系”互动，现在手机端诞生了很多定制化的App，比如服装定制，消费者需要产品时可以先在这些平台上下单，平台会根据工厂的定位和能力分配订单，而工厂接到订单时再生产，之后再由物流系统运送到消费者手里，这种直达终端的生产和销售模式使工厂免去了库存压力，消费者的个性化需求也得到了满足，商业秩序更加简捷、健康，“淘工厂”就是这样的平台。今后这种定制化的平台会越来越多，越来越细分。而没有自主品牌，依靠代加工赚钱的传统工厂将越来越没有生存空间，因为这种工厂依靠的是廉价劳动力以及低价竞争，但这些因素随着经济的发展不再成为优势，所以传统的工厂面临改变和创新，需要从生产加工型向创意型发展，不能改变的，将被淘汰。传统工厂要想生存，必须做到：1. 同消费者建立联系，如果一家工厂连自己服务的消费者是谁都不知道，只能做代加工，随时都可以被替换掉；2. 柔性生产，即小批量、短周期、个性化的生产，以消费者的意志进行生产；3. 与设计师原创品牌工作室合作，设计师原创品牌工作室相当于替工厂解决了服装设计生产与消费者意见反馈的中间纽带的问题。设计师原创品牌的订单是根据消费者的需求随时调整的，设计的变化也非常迅速和丰富，很好地解决了工厂自主研发新产品这一难度比较高、耗时比较长的工作，代替了工厂和公司的研发部门。小批量的加工生产也降低了工厂大量积压货物的风险，资金回笼快，生产与销售能够紧密结合起来。而且工厂也不用投入大量资金来进行新款式的研发。也就是说服装的设计和生产变成了两个完全独立但又相互紧密联系的机构和部门。并且工厂可以同时为多个品牌进行加工生产，灵活而高效。而设计师工作室可专注于服装品牌的研发，以及品牌的线上运营和推广。传统的仅为国外做代加工生产的服装工厂经营模式和设计研发落后于市场需要的状况将得到很好的改变。

在国内服装行业发生如此大的变化的情况下，服装行业对设计的要求越来越高。可以说，原创性是目前以及未来国内服装品牌生存发展的核心。国外市场一直以来对设计的原创性就有着相当高的要求，时尚行业的灵魂就是创意与创新。因此，无论从国外市场还是国内市场看，中国时尚领域的原创设计师和原创品牌都亟待出现、建立、完善和发展。何为原创？如何在世界时尚舞台上占有一席之地？对中国年轻设计师们来说，他们已经做了思考并取得了显著的成果。21 世纪，中国以 80 后、90 后为主的设计师们，用先锋前卫的眼光，结合深厚的中国古典文化底蕴，创造出了中国独有的时尚和新潮品牌潮流——国风潮牌，并且获得了中国 80 后、90 后年轻消费者们的追捧和热爱，迅速风靡国内市场并登上了国际时尚舞台。这是真正属于中国的时尚，也是世界时尚舞台的新作。2000 年以来，一股浓浓的中国风在世界时尚舞台刮起，带动中国传统文化备受世界关注。“国潮”概念悄然兴起。2021 年的数据显示：“国潮”在过去 10 年中的关注度上涨 528%；近 5 年，中国品牌搜索热度占品牌总热度比例从 45% 提升至 75%。尽管“国潮”的概念如此火爆，但人们对“国潮”的定义却莫衷一是。业界常把“国潮”理解为“中国本土潮流品牌”，而学界则认为“国潮”是以品牌为载体的一种流行现象。国潮的核心底蕴是“国”，是传承的中华文化；表现形式是“潮”，是传统文化精华结合当下新人群、新需求、新技术和新场景后产生的新事物和新的展现方式。

第二节 中国古代服饰的内涵及对当今社会的影响

中国有着几千年的文明史，也滋生了无数优秀的古典文学和诸子百家的哲学思想。中国有自己的优秀民族文化，中国人也有自己的哲学处世思想。但如今传统带给年轻人的影响越来越小，过去的是否真的消失了？不存在了？然而，我们说经典的东西是从来不会真正消失的，它存在过，也一直对当下产生着影响，只不过需要换一种形式呈现。在这些历史文化中挖掘出其中或神秘或有趣的谜题，用另一种形式将其表现给大众，是当下许多中国年轻设计师正在做的事情。

服装是人类历史文化最直观生动的体现之一。农耕文明、血缘关系组成了中国古代社会关系和等级制度关系，中国古代的服装形式就是在这种文化思想的基础上建立起来的。而中国现当代年轻人，之所以想通过服装重拾古典文化，是因为他们受过良好的东西方文化教育熏陶之后，发现西方文明毕竟不是我们的文化思想根源，毕竟不是真正滋养我们的文化传统。

西方文明的进取性和攻击性，不适合东方人含蓄、中庸的思想和性格。而道家思想的“天人合一”，儒家思想的“中庸”“和”，才是根植于我们内心，滋养我们几千年的哲学思想、文化传统和生存理念。人类历史的发展也证明了，西方文明并不能成为统治全世界和全人类的文明，与西方文明截然不同的东方文明、中国古典文化，也是人类文明的重要组成部分和优秀成果。并且随着人类历史和社会的发展，中国古老的文化传统、思想观念体现出了西方文明所欠缺的东西，而这些东西，是人类优秀的文化创造和积淀，是应该被重视和传承的，对全人类的生存和发展都有积极意义。中华文明不会因西方文明的“入侵”而消失，中国现当代年轻人对传统文化思想的复古和回归之一，便体现在他们的着装追求上。

“衣服”在每一个人的一生中都占据着十分重要的位置。中国自古就有“人靠衣裳马靠鞍”“人靠衣装，佛靠金装”“衣品如人品”“先敬衣后敬人”的俗语。自从“上衣下裳”服饰形制问世之后，服饰被赋予了更多人生哲理与智慧。从原始社会开始，我们的祖先就在逐渐走向文明，同时也在创造文明的进程中砥砺前行。服饰文化作为古代文化中一个比较重要的组成部分，不仅反映出了古代人文意识的觉醒，同时，从古代服饰发展与演变中也可以看到我国五千多年文明史的发展历程。从“上衣下裳”服饰形制诞生之日起，古代社会中的服饰文化发展，就与政治制度紧密结合在一起。可以说中国古代服饰文化中，最显著的特点就是随社会政治发展需求而改变。也就是说服饰文化的发展必须朝着有利于统治阶级的方向行进。“垂衣裳而天下治”[1]，中国古代的服饰与社会制度、伦理道德、哲学思想是紧密相连的，是一种礼仪和政治符号性的存在。实际上从这一服饰文化特点可以看出，由于中国古代等级制度森严，服饰文化的发展在一定程度上缺乏个性风采，追求的是严格地遵照等级尊卑的符号化穿衣，所以中国古代服饰，同时反映出的是古代社会的政治、经济与文化内涵。王公贵族服饰与普通平民服装，在材料、工艺等方面有很大差距。同时，从服装色彩、配饰中也可以体现出尊卑贵贱。尤其是在儒家学派屹立于世之时，这种服饰文化中的等级意味更为浓郁。从中国古代服饰文化发展大方向看，古代人日常穿戴的服饰，其实就能体现出阶级对立，进而反衬出处于上层社会的王公贵族的权力，以此维护上下尊卑的社会秩序。当然，不可否认的是在古代服饰纹样中，也有单纯代表吉祥、平安等美好象征意义的元素。在古代社会服饰文化的影响之下，人们不仅要遵守服饰制度，同时还要深刻注意服饰礼仪，一旦出现了逾越礼制的现象，轻则受到社会谴责，重则丢掉性命。

此外，古代服饰的重要性不仅体现在满足物质生活需求上，作为中华文明的一个重要载体，其在整个历史发展中起到了十分重要的作用。据《白虎通义》记载：“圣人所以制衣服何？以为蔽形，表德劝善，别尊卑也。”从中可以发现古代社会中服饰的主要作用就是蔽形遮羞、表扬功德、勉励为善和区分人与人之间的身份地位。虽然古代服饰文化的含义十分深刻，但是表达出了尊卑有别的主旨。中国古代服饰上至君王下至黎民百姓，都有其固定的服饰形制。处于统治地位的上层人士无论是衣服材质、样式、纹饰、佩饰、颜色、工艺，都要比普通百姓的服饰更加华丽、名贵。祭服、朝服、公服、常服，都按照礼制规定各有区分。但随着时代不断变迁，古代人穿衣，也会随着政治制度、思想意识、穿着场合的变化而变化。这种变化的基本原则，就是地位越高的人穿着的衣服样式和颜色越丰富。这一点其实在北宋诗人张俞的《蚕妇》一诗中得到了淋漓尽致的体现：“昨日入城市，归来泪满巾。遍身罗绮者，不是养蚕人。”养蚕人是普通人，虽然每天纺织“罗绮”，却只能卖给城市中的达官贵人，而自己仅能穿着粗布麻衣。纵观人类社会历史，无论中西，服饰一直是以贵族阶层为主导的，是贵族身份地位的象征。因此贵族所穿戴的服饰品精美绝伦。总之处于社会等级上层的人士的服饰，体现着古人高超精湛的制衣技艺和手工技艺。古代诗词中描写的服饰就像艺术品，我们可以通过古代诗人创作的诗词，去感受那些美轮美奂的古代服饰之美。无论是服饰色彩、图案纹饰，还是款式规制，我们都可以从一些古代文学典籍中略窥一二。从《诗经》开始，一直到唐诗、宋词，古代文学家们都不遗余力地为世人描绘着极具古代文化与智慧的服饰精神。其中，色彩是象征身份地位的一个重要符号。《小雅·斯干》中有“其泣喤喤，朱芾斯皇，室家君王”[2]，从中可以发现先秦时期“室家君王”所穿的衣服以红色为尊。《曹风·候人》中也有“彼其之子，三百赤芾”，也是说红色衣服才是尊贵之象。《豳风·七月》中“八月载绩，载玄载黄，我朱孔阳，为公子裳”[3]，柔软的蚕丝制成的衣服只有贵族公子才能穿，而普通劳动者，则只能穿麻、葛等材质制成的衣服。这其实也体现出了古代服饰文化中的等级制度。汉乐府《陌上桑》一诗中有："青丝为笼系，桂枝为笼钩。头上倭堕髻，耳中明月珠。缃绮为下裙，紫绮为上襦。"[4]这首诗中提到的"缃绮"与"紫绮"，都是古代比较名贵的布料。从中可以看出，着这一身服装的女子一定是一位非富即贵的大小姐。汉乐府《羽林郎》中也描述了古代女子服饰："长裙连理带，广袖合欢襦。头上蓝田玉，耳后大秦珠。两鬟何窈窕，一世良所无。一鬟五百万，两鬟千万余。"这位胡人女子，从其身着精美而贵重的服饰来看，俨然一位贵族千金。李清照的《丑奴儿》这样描绘女性："绛绡缕薄冰肌莹，雪腻酥香。"诗人元稹的《晚宴湘亭》中，舞女红裙碧袖，歌甜舞旋，令人心醉："花低愁露醉，絮起觉春狂。舞旋红裙急，歌垂碧袖长。"孟浩然的《春情》把长裙的风姿摹写得曼妙无比："坐时衣带萦纤草，行即裙裾扫落梅。"梁元帝萧绎《乌栖曲》："芙蓉为带石榴裙。"石榴裙在唐时，是一种流行服饰。曹植《洛神赋》形容洛神甄宓美艳，说她"奇服旷世，骨像应图"。这位情思缱绻的女神"披罗衣之璀粲兮，珥瑶碧之华琚……践远游之文履，曳雾绡之轻裾"。这些都是东方服饰灵动飘逸的典型意象。由此可见，中国古人对服饰的描绘是多么浪漫。

中国古代服饰文化中，不仅融入了历朝历代的服饰理念，同时也曾出现过汉族服饰与少数民族服饰糅合的历史现象。各具神韵的历代服饰以及源远流长的服饰文化，不仅构建出一幅色彩斑斓的古代服饰画卷，同时也为现代人了解历史提供了生动直观的素材。中国的年轻人们，在对历史的了解中逐渐喜爱上了古典文化和古代服饰。复古，变成了中国现代服饰时尚的一个重要话题。年轻人希望通过复兴古典着装来亲身体验中国古典文化、哲学思想和生活态度，因此现代"汉服"应运而生，作为现代社会的一种着装文化现象，非常流行。

复古是世界时尚史的一个持续恒久的话题，我们知道时尚不是直线式的发展，而是一个圈，不断地循环往复，历史上曾经有过的元素总是重复出现在过去、现在和未来的设计中。中国在2000年之后开始流行复古风，尤其90后的年轻人，非常喜爱中国传统文化，喜爱汉服着装。然而，我们认为纯粹的复古不是时尚，毕竟现代的消费者不可能真正回到过去过古代人的生活。现代人的着装观念无论从实用角度还是从审美角度都不可能完全退回到古代。那么时尚应当是什么呢？时尚和复古的关系又是什么呢？笔者认为时尚中既应有旧，也应有新，时尚是复古基础上的创新，是新与旧的创新和创造性的组合与重构，服装则是最能体现历史、思想、文化变迁的风向标。2000年之后，由于网络销售平台的兴起，大大降低了时尚行业的创业成本，许多兼具古典审美和现代审美、东方审美与西方审美的潮牌在淘宝等网络销售平台出现，标志着中国当代年轻人的审美追求和思想文化追求。

第三节　中国现代服装业发展趋势

21世纪以来，全球文化创意产业蜂拥而起，中国作为世界制造业大国，许多企业正逐步从生产制造型向创意型发展。中国正在由世界工厂转变成世界市场。中国的创意产业在全球化消费社会背景中快速成长起来，可以理解为将来的经济是一种创意经济或是创造性产业经济，它推崇创新、个人的创造力等，鼓励自主创业。未来的商业基本单位将很可能不再是公司而是个人和几个人的小团体。自主创业不仅是富有才华的时尚佼佼者们打造个性化时装品牌，完善自身价值的重要出路，同时也是文化创意产业发展趋势下拓展时尚产业的重要思路。新型的设计类人才需要具备多样化、综合性的能力，不仅体现在针对原创的构思应具有什么样的创新能力来完善服装设计本身，同时体现在将原创理念逐步提炼成符合市场要求的、全面的、综合的创新能力，还体现在拓展更多新机会时的抗风险能力，针对复杂且不可预测的情况时的自我管理能力等。

基于网络营销大数据背景，服装行业的众多企业开始转向柔性定制发展，众多品牌将重心转移到网络，线上市场成为品牌争夺市场的重点。互联网是持续快速发展的领域，由于服饰产品等品牌的规模比较小，所引起的问题也少，也更适合在网络上发展。因此国内的原创设计师结合便利的网络展示和营销平台，正在形成中国风格的原创设计，也就是"中国时尚"。

注释

1. 出自《周易》，意思是垂衣而能治理天下，用以称颂帝王无为而治。
2. 张慧芸．诗经[M]．北京：团结出版社，2018：181.
3. 张慧芸．诗经[M]．北京：团结出版社，2018：136.
4. 曹胜高，岳洋峰．汉乐府全集：汇校汇注汇评[M]．武汉：崇文书局，2018：73.

第二章
2000 年之后兴起的国风潮牌

从新中国成立之初到2000年之前，中国的服装设计大多还是以西方的设计思维和风格为主导，服装的生产制作还局限于模仿西方。也可以说，2000年之前的中国服装行业少有属于自己的本土化的现代设计，服装设计基本上局限于对西方设计的模仿和照搬，这些“抄”来的东西，看似“洋气”，但缺少我们自己的设计特点和审美特色。彼时，中国本土时尚缺乏，国际时尚舞台上也鲜有中国设计师的身影和位置。2000年之后，网络销售平台的建立和网络营销的兴起，为中国年轻一代设计师的设计创作和创业提供了有利的平台，中国的原创设计和原创设计师品牌开始真正建立并发展起来，我们开始有了真正属于我们本民族的设计思维和独特风格。“民族的就是世界的”，一味地模仿别人是不能叫作设计和原创的，也不能被别人所认可。设计创意必须建立在自己本民族的文化积淀的基础之上，创造独一无二的、与众不同的东西。2000年之后，随着“非物质文化遗产”“国学”这些思想文化的复兴和回归、本民族传统思想文化的崛起，我国的设计领域越来越注重原创，开始通过发掘自己民族特有的、与众不同的文化元素来进行设计创新。而这样的带有本民族文化特征的设计也深受国际设计界的喜欢。就这样，带有浓厚中国元素和风情特征的服装设计开始出现并走上国际时尚舞台。例如，创立于2014年的原创设计师品牌“密扇”，于2018年在巴黎时装周大展中国风设计风采，后又于2020年在纽约时装周展示了中国古典传统文化的现代全新诠释。创立于2013年的高端国风品牌“盖娅传说”携2020春夏新品“戏韵·梦浮生”系列登上巴黎时装周，一展国粹底蕴。“云思木想”“花木深”“四斤自制”“拉飞姆”“花笙记”等这些2000年之后兴起的原创设计师品牌也纷纷在近几年的上海时装周上大放异彩，让世界知道了什么是中国年轻一代的国风设计。在这里我们就几个具有代表性的中国风原创设计师品牌进行具体分析，来了解一下这些原创设计师品牌的设计创意思维，以及这些品牌的设计是如何将本民族传统文化和艺术元素融合进现代服装设计理念和审美之中的。

第一节　国风潮牌的艺术创作手法研究

密扇、盖娅传说这些中国原创设计师品牌的设计之中大多融入了中国古典文化元素，又结合了西方现代生活方式和审美观，可以说是古今中外文化交流互通的大融合。具体的设计方法总结为：

设计方法之一：以民间传说、志怪故事、诗词歌赋、哲学思想等中国文化元素为灵感来源；

设计方法之二：以图案设计为主，而且图案的构成是采用解构重组、时空混搭的设计方法；

设计方法之三：版型的东西方混合，折中主义；

设计方法之四：色彩艳丽，大胆撞色，体现中国传统的五色观以及色彩的象征意味；

设计方法之五：装饰手法，民族民间刺绣与现代数码印花技术的运用。

基于这样的文化传统和思想理念，在 2000 年之后，带着浓浓的古典韵味，深受中国现代年轻人喜爱的“中国元素潮范儿服装品牌”应运而生，我们可以称之为“国风潮牌”。

分析这些带有中国传统元素的原创设计师品牌我们发现，其基本上都采用了以图案设计为主的设计方式。中国古代文明是农耕文明，农耕文明通过血缘关系将人们固定在土地上，进而形成了君臣父子的社会等级关系。在这种文明和社会关系基础上，最能体现社会等级和社会角色的文化符号就是服装，因此中国古代服装是等级、身份、地位的生动体现。而这种等级、身份、地位主要是以服装规制，或者说服装上的色彩和图案作为象征性符号来表达的。中国的历史悠久，朝代众多，每一个朝代，每一个历史时期，积累的图案符号、象征性元素，构成了传统的服饰文化。现代社会，悄然兴起的汉服文化就是现代中国原创品牌服装复兴古典的象征。汉服，是中国古代农耕文明产生的生活方式的生动体现，但并不适合当下东西方文化融合交流，并以西方工业文明为主导的生活状态和方式。如何将这两个矛盾的元素中和起来？适合当代人穿着的，被中国现代年轻人认可和喜爱的，具有本民族文化元素和符号特征的中国风格原创潮牌悄悄出现并蔓延到国内外的服装市场，成为一种新的潮流趋势。这种潮流甚至影响了西方的服装设计。西方的设计师，很多都尝试过运用中国元素来进行服装设计，但他们由于对中国文化理解的表面化，并不能很好地将中国元素与现代时尚有机结合，设计显得比较生硬、不和谐。由此可见，中国风格和中国设计必须由根植于中国文化的中国设计师来完成，才能将我们民族优秀的传统文化更好地阐释和发挥出来。中国年轻的 80 后、90 后设计师们，恰巧担当起了这一文化传承和文化传播的责任。他们大多受过良好的中西方教育，成长于本土，根植于本土，又有西方留学的背景，可以更好地将传统的、本土的与世界的、国际的相结合。他们的设计中体现了浓厚的中国元素、中国思想和中国文化底蕴的同时，又非常符合时代潮流的追求，传统而又创新。

仔细研究这些品牌的设计我们发现，中国元素最恰当的应用是借助色彩和图案的形式来体现。受“天人合一”观念影响，中国传统服装与西方传统服装相区别，对于人体本身的塑造和欣赏不是其关注的重点，中国传统服装的平面化裁剪和宽袍大袖，不追求贴合人体，而追求表达淡化自我，以及充当社会等级制度的符号。因此，从服装的结构上来说，其并不像西方服装那样具有明显的结构上的创新性和变化性的研究价值。中国的传统服装可以说一直是作为一种社会等级角色和身份地位的象征性符号存在着，所谓“华夏”，唐代大儒孔颖达认为“服章之美谓之华，礼仪之大谓之夏”[1]。衣冠服饰，直接成为“华夏”定义的组成部分。作为衣冠古国，中国的文化与中国的服饰，一向密不可分。深藏身体的深衣，充满了礼法的内涵；轻薄通透的罗衫，传达着含蓄的性感；变化万端的裙装，承载着自由的追求……中国古代衣冠，展现的既是服章之美，更是礼教与时尚并存、含蓄与奔放交织的中国精神。因此，色彩和图案以及装饰才是这种象征性、符号化的服饰文化最好的表达方式。

这些代表着中国传统思想和文化的图案和色彩，看似与我们现代社会生活没什么关系，也逐渐被人们所忽视和忘记，认为那只是一种历史尘埃，是国学家和历史学家们研究的东西。但是任何一个民族，都不该忘记自己的历史，没有历史的积淀，也就没有民族的现在和未来。那么，如何使古典元素被现代所认知并接受呢？服装是这些文化元素的一个很好的载体。将这些代表着丰富内涵的古典元素如传统的图形图案和色彩运用于现代服装设计上，并结合现代的设计审美观念，能组成富有古典意味和民族意味的现代设计。著名的美学家克莱夫·贝尔说：“艺术是有意味的形式。”他认为，线条、色彩等以某种特殊方式组成某种形式或形式间的关系，激起我们的审美感情，这种线、色的关系和组合，这些审美的感人的形式，就是“有意味的形式”。“有意味的形式”是一切视觉艺术的共同性质。形式在此指的是艺术品的色彩和线条等要素所构成的纯粹形式，它具有一种简化性，就是“把互不相干的细节转化成有意味的形式”。将古典的元素直接拿到现代服装上用显然是突兀的、不搭的，

注释

1. 意即中国是礼仪之邦，故称“夏”，“夏”有高雅的意思；中国人的服饰很美，故作“华”。

但如果将古典的元素分解，重新组合，使原先的象征意义淡化，只留有图形和色彩这些形式，将之按照现代审美观念和风格要求重新组合，再运用于设计之中，那么就会产生既承袭古典，出自古典，具有古典韵味，又有现代感并立足于独特审美和思想观念的创新形式，或者就叫作“复古”，而这种“复古”不是简单地对古典的复制和再现，而是将古典的元素继承、提炼和重新组合，是在“复古”基础上的创新。中国原创设计师的中国风潮牌设计中，就是运用了这样的方法。这种图案的分解、重组也是运用了西方社会 20 世纪 60 年代出现的“解构”这一后现代概念。因此，用古典的、民族的元素，借助后现代的解构手法，就形成了原创中国风潮牌的设计。而这种全新视角的设计非常受时下东西方年轻人及时尚界的喜欢。借助这样的设计，我们也对本民族的文化更加了解、熟悉和热爱。

第二节　国风潮牌的设计灵感来源

一、盖娅传说

国风潮牌的设计灵感基本上来自中国古典传统文化元素，比如民间传说、志怪故事、诗词歌赋等。

拿 2013 年建立的高端国风品牌盖娅传说举例，2016 年，成立仅三年的盖娅传说在巴黎时装周举办了一场“圆明园 · 万缘之源”春夏系列服装秀。又于 2019 年在巴黎小皇宫举办了名为“戏韵 · 梦浮生”的 2020 春夏系列服装秀，分为“昆 · 曲”“川 · 戏”“京 · 剧”三个篇章。（图 2-1、图 2-2）

2020“戏韵 · 梦浮生”春夏系列服装秀中，篇章的转换对应着场景与时空的变换，《牡丹亭》《桃花扇》《木兰辞》《长恨歌》《孔雀东南飞》……这些说出词牌名就能让人联想出故事与意境的戏曲剧目，同样对应着服装系列，或婀娜婉约，或灵动飘逸，或金革峥嵘。穿过故事感知意境，通过曲目了解文化，透过服装欣赏中国，这是盖娅传说本次品牌大秀最想实现的效果，也是秉持传承中华优秀传统文化的中国服装品牌所应坚守的信念。

本次服装秀除了概念主题源于戏曲，在工艺制作、图案造型、面料纹饰方面，也多从中国的优秀传统文化及非遗技艺中汲取创意养分，力求细节之处有典而出。

图 2-1

图 2-2

工艺上，除了经典的刺绣、缂丝、盘银、花丝、流苏等工艺外，新增添了更具浮雕感的潮绣和以骄奢闻名的点翠工艺。诸多中国非遗工艺全情应用，令本季服装作品更富层次感和灵动性。

图案上，桃花、兰花、青莲，和韵锦绣百花；比翼鸟、孔雀、凤凰，翩然浪漫飞鸟；花窗、常青竹、三生石，雅致江南园林；祥云、金龙，四方八合云肩……缤纷绚丽又生动斑斓。

面料上，丝纱等轻薄面料与挺阔的面料相结合，达到刚柔并济的效果，流动的线条与飞舞的裙摆形成雅致的意境。粗麻面料则从肌理上刻画了自然禅意的风韵。从昆曲中提取的清雅色调及图案中摄取的灵感，配上传统中国色水青、十样锦，妃红朱砂等艺术晕染，呈现如诗如画的朦胧、飘逸美感。

本系列以龙文化为骨，以京剧《霸王别姬》中霸王虞姬的经典形象为魂，工艺部分多采用宫绣，结合标志性的中国器物，体现中华文明的丰富与厚重。（图2-3、图2-4）

本系列设计灵感源于《孔雀东南飞》，中国古典女性美被极致化，结合非遗传承工艺“点翠”的色调，及孔雀公主的神话故事，把这个经典的中国爱情故事的凄美表达了出来。（图2-5、图2-6）

图 2-3

图 2-4

图 2-5

图 2-6

本系列灵感来源于《爱莲说》，采用中式传统结构，描述了腹有书香气质的儒雅女子形象。恰到好处的中西融合，唯美浪漫！（图 2-7、图 2-8）

除此之外，2018 春夏系列，盖娅传说以“四大美人”为灵感，将苏绣缂丝结合缠枝花纹等元素，组成了中国风里的温婉典雅；2019 秋冬系列，盖娅传说又以水墨画式的留白与意境，把秀场变成幽静的山谷并裹挟着侠气，将快意江湖展现得淋漓尽致。盖娅传说让厚重的东方文化在时装上活了过来，并与世界进行对话，将典雅国风与现代时尚完美结合，以现代工艺重现古代盛世，让世人看到汉代的凝重、唐代的华美、宋代的素雅。

二、密扇

密扇品牌（图 2-9）诞生于 2014 年，由独立设计师韩雯（Kate Han）与冯光（George Feng）创立，品牌首创了“潮范儿中国风”的设计概念。密扇是用当代中国人的思维模式做能代表当下，并且能被拥有独立审美且热爱中国文化的年轻人所喜欢的服装。密扇尝试创造潮范儿又有点儿酷的风格。创作灵感源于中国本土文化。密扇也主张“做自己”，穿什么衣服才能代表自己也开始变得重要。在这个个性化的时代我们更需要通过外在的装扮直观表达内在的能量与品位。

密扇自建立以来，设计的每一个系列都有着鲜明的主题构思和内涵表达。2018 年，也就是品牌创立之后几年，密扇就携“女侠”系列在世界时尚之都巴黎举办服装秀，于西方掀起了一股全新的中国潮牌风。之后，于 2020 年又在纽约时装周展示新的系列。

密扇的设计，带有浓浓的中国风，但同时具有现代潮牌的典型特征，亦古亦今，亦中亦西。从品牌建立之初到现在，设计的每一个系列都充斥着中国古典文化意味和中国传统审美观念。服装的艺术格调浓厚，设计充满想象力，深受中国现代年轻时尚爱好者和消费者的喜爱，同时也吸引了大量影视演员、明星，并

图 2-7

图 2-8

图 2-9

图 2-10

得到他们的关注、喜爱和宣传。密扇在东方热的消费大潮之下，以现代设计解构中国传统文化，借由服装为媒介载体，杂糅出一种全新维度的新东方主义美学语言。

2015“嬉游记”系列

不一般的密扇“嬉游记”，灵感来自《西游记》中的芭蕉铁扇。一扇熄火，二扇生风，三扇下雨。如同女子在这混沌世界傲视群雄，视八百里火焰如浮云，笑看众生为我巧取豪夺，就是要这般姿态，嬉游于世，任人追捧。文案宣传也传递着潇洒之气：云迷世界，雾罩乾坤，密扇在此，大观嬉游。看这个为我飞沙走石，看那个妒火恨天高，管他什么混世魔王，都要为我齐斗勇。这一世，我就要轰轰烈烈，打打闹闹，嬉游而过。传递了服装所要表达的自由与无畏的生活态度。

2016“大航海”系列

灵感源于 1421 年郑和第六次下西洋的奇闻异事与历史传说。“捆兽绳、地球宝仪、望远神镜……搜罗万宝，驾一艘漂洋万里船，携一颗御浪女儿心，从此大起大航谁叫我，此生大浪大荡，就爱飘摇。”作品在真实的历史故事上加上了丰富的想象，意境深远。

2016 特别企划“猴王无忌”系列

2016 猴年新春，密扇携手艺术家邬建安与雅昌集团旗下艺术机构 ARTPLUS 重磅推出“猴王无忌”特礼。“猴王无忌”以艺术家邬建安取材于《西游记》创作的“猴王无忌”“六耳猕猴”“搬山猴”三幅作品为原始图案素材和灵感，由密扇设计师韩雯操刀设计成围裹式外套。

2017“髦儿戏园”系列

密扇该系列女装以“髦儿戏园”之名，召唤过往的“髦儿戏”传统，假想其流延至今的形貌，用既不被男权压制，又不取悦男性的女性形象，隐喻当下的女性社群，唤醒一种新时期的女性自觉。（图 2-10）

密扇以《霸王别姬》《穆桂英挂帅》《龙凤呈祥》《贵妃醉酒》及《五花洞》等多部经典京剧为引，重新审视昔日戏服，对其进行吸收、拆解，并与真正的全女行“髦儿戏”呼应，化作廓形、结构与元素，在本季衣装中重塑女性形象。

复古的格纹，霸气的虎豹刺绣，缎、纱、亮面和丝绒面料的交融与拼接，以及多种设计元素如刺绣、亮片和飘带的叠加运用更是巨细靡遗。（图 2-11 至图 2-15）

图 2-11

图 2-12

图 2-13

图 2-14

图 2-15

“密扇可以算是一个比较先锋的，非常独立的，去做自己的东方主义文化的品牌，而且永远都会带有这种叛逆不羁的武器，密扇算得上当代中国时尚圈中的‘髦儿戏’，当然我们是希望可以打开一扇门，引领更多的人进来，让全世界看到东方主义、东方文化的服饰和潮流不只有日本的暗黑解构，还有中国这些多色彩、多繁复解构的有趣风格。”（图 2-16 至图 2-26）

图 2-16

2017“满汉大食代”系列

“满汉全席”四个字以其背后所指涉的奢靡精致，成为代表宫廷最高规格筵席的不二之选。而日本学者田中静一却反复声称“满汉全席”为“虚幻的饮食”，且遍寻卷帙浩繁的《清宫膳档》依旧未见“满汉全席”四字的踪迹。掩藏于历史的魍魉巨翳之中的“满汉全席”的真容为何便是密扇 2017 春夏女装系列所意欲探索的答案：云母螺钿琼枝椅，环壁彩帐紫丝绦。官哥定汝，宫熏鼎炉，树石盆栽，鲜卉时葩。盛宴宏开，八音竞奏；雅乐迎宾，高唱芳衔。水泛柔光犀玉缕，氤郁芬芳依序在。好一席上食珍品饕餮宴，谁不知满汉华靡乌有席。

图 2-17

图 2-18

图 2-19

图 2-20

图 2-21

图 2-22

图 2-23

图 2-25

图 2-24

图 2-26

密扇本系列服装以“满汉大食代”为概念，玩起了中国食文化元素：大肉包、灌汤包、糖醋鲫鱼、挂炉走油鸡……走秀开始前，两位男模坐镇秀场念起了长长的菜谱。随后模特拖着白色长辫子，绑着“马蹄袖”，踩着轻快的步伐从T台走出，腰带上“满汉大酒店”的汉字格外显眼。设计师将从清朝服饰中提取的色彩，明黄、大红、大绿、藏蓝、浅粉等，以密扇一贯高对比度的色彩应用方式进行大胆组合拼接，并大面积使用缎面、丝绒面料，同时将包子、茶壶、仙鹤等元素以刺绣的形式融入其中，这让走秀看起来足够有话题性，但也并非完全脱离实际——也许你可以穿着去参加一场复古派对。（图 2-27 至图 2-31）

图 2-27

图 2-28

图 2-29

图 2-30

图 2-31

图 2-32

图 2-33

图 2-34

图 2-35

2018“山海错”系列

密扇于 2017 年 10 月 13 日，以“山海错”为主题，呈现 2018 春夏系列。密扇首席设计师韩雯绘制了一幅打破时间、空间以及认知的“思想地图”，驾着历史的迷雾，组建了穿梭于“山海经”与“侏罗纪”两个平行时空的探险队，用人类孩童时期的视角探寻华夏先民想象的源头，重拾对自然万物的敬畏与崇拜。（图 2-32）

设计灵感来源：洪荒之世，人与禽兽之未别，如《山海经》中所记载，人类将大自然当中的动植物当作崇拜、敬畏的对象。而现代人主宰下的世界，属于先民的那颗对自然的敬畏之心已不存在。密扇的“山海错”系列，打破时空限制与文化差异，以衣为媒，对人类与自然的平衡与错位关系展开了天马行空的假想与探究，不仅再造了一个万物有灵的“山海世界”，也借此打开了通往无限想象空间的时空隧道，将无趣与呆板弃之脑后。

2018“女侠”系列

在“女侠”系列中，密扇首席设计师韩雯以“女侠”之名召唤了一场打破文化视域与空间界限的武林大会，驱散百年以来笼罩于“侠”文化之上的谬解与误读。密扇将从中国民间传说和武侠小说作品里流传下来的“女侠”文化带到巴黎。祥云、白鹤、四方连续的典雅花纹等古色古香的经典中国元素以亮片和刺绣的形式出现，与闪烁光泽的金属质感面料构成另类的组合。在这场“武林大会”里，设计师将不同材质、色彩和图案加以拼接与混搭，不对称的剪裁和解构手法穿插其中，以非循规蹈矩的方式呼应“女侠”特立独行、潇洒不羁的侠义风骨。（图 2-33 至图 2-35）

"女侠"系列的英文"Jade In The Shadow"有一个十分浪漫的解释，Jade 意为翡翠，也是这位女侠的芳名；Shadow 意为侠影，暗指她隐于江湖的另一个身份。（图 2-36、图 2-37）

图 2-36

图 2-37

在这场穿越古今的武林大会之中，衣装之上埋藏了众多玄机。

模特的发型如同锋利的剑戟插在身后，照片调成黑白色一看，还真有几分老港片的味道。

颜色方面，密扇用了橘红、金黄、青金蓝等中国传统服饰中常见的颜色，又加入女性化十足的粉紫，配以松鹤和传统的刺绣纹样，提升了衣服的东方格调。

该系列上的不少印花都借鉴了 20 世纪 80 年代的港漫风格，将唐传奇中的聂隐娘、红线女等女侠化身故事主角，绘制于由纸与记忆金属复合而成的科技面料之上，还原东方女侠刚柔并济的风貌。（图 2-38）

图 2-38

既然面向年轻人，现代廓形自然必不可少，几件长袍的袖子上都用了拼接撞色，复古气息浓郁的丝绒材质也大量用在系列中。

在主秀场的另一隅，还有一座独属女侠的兵器收藏库，其中陈列的刀枪剑戟，皆以女性化的色彩削弱其天然属性。羽箭雕花腰封，飞镖结构戒指，如同藏于聂隐娘脑后的那把幻剑，这些植于模特衣装与饰品上的兵刃符号浓烈且美丽，蕴藏着强大的力量。

当代人对于"侠客"的印象，多来自虚构的文学与影视作品，你肯定记得古装剧中那些飞来飞去、身手矫健的侠客。而在中国侠客文化之中，武却仅是辅助手段，侠义才是根本目的。

侠客的另一意译是 knight-errant，源于欧洲的骑士概念。虽然西方的骑士与东方的侠客异曲同工——都是行侠仗义、为国为民，然而侠客并不是一个职业或者阶层，更像是对具有某种精神特征的人群的概括。（图 2-39、图 2-40）

说回“女侠”，在唐传奇前的文学作品中，女性多为附庸，而在唐传奇中，女侠则跃升为主角，无论是参与朝野换代、覆国大计的女侠红拂，还是深入敌营、偷取锦盒的红线女，都有着潇洒倜傥之态。甚至连高门贵女，也张扬肆意，直率大胆。

在唐人的笔下，女侠们无论其另重身份是闺秀还是民女，均有情有义，勇敢坚毅，将自己的命运交由自我主宰，是千年之前具有反抗精神，不甘于附庸男性的独立女性。

密扇这次以“女侠”作为主题，意在表达其形与神，借此向西方世界讲解与重构女侠的概念，也在有意而为的空间与地域的冲突之中将积厚流光的侠文化与时尚体系经脉贯通，上演一场东西方语境之下关乎于侠客精神的文化互搏。

在去巴黎走秀前，密扇已经推出了多个独具风格的系列，并频频在国内一些综艺节目中被明星穿上身，抢先打响了知名度。

在密扇过往的系列中，韩雯常从神话传说或者历史事件中提炼标志性元素，再用年轻人偏爱的衣服廓形去呈现。

中国有着几千年的文明史，也产生了无数优秀的古典文学作品和令人遐想的神话传说。但如今传统带给年轻人的影响正在越来越小，在历史中挖掘出其中或神秘或有趣的谜题，用另一种形式将其展现给大众，是当下许多设计师在做的事情。

另外，中国大部分的年轻消费者受到目前主流时装文化的影响，多数还是推崇以快时尚品牌风格为主的时尚，许多带有传统元素的服装常被冠以“土气”的名号。也有一些品牌意欲重建“中国风”风格，但首先要知道想做被中国年轻人认可的传统元素设计，既不是只为他们编造一个好故事，更不是单单在衣服上写几个汉字，再去抄袭其他品牌的样式这么简单。

设计师韩雯总爱用“以旧唤新”来形容密扇一直坚持的风格，她也发现很多95后、00后的消费者在买衣服这件事情上，正在越来越追求品位独特。密扇的出现，恰恰给了穿厌大牌的年轻时髦人一个“既能穿得酷，这件衣服还有故事可讲”的设计。

2019“丹”系列

“丹”作为传统意象中具有代表性的中式药丸，自身就带有特定的文化属性，尤其是如今中成药的制作中“丹”不再只是单纯地代表着中成药的品类，它更意味着不同文化和事物之间的“融合”。故此次大秀以“丹”为主题，从色、形、质等不同维度出发，借由服装去挖掘百

图 2-39

图 2-40

图 2-41

图 2-42

图 2-43

年前东方审美下中西结合的产物如何在当代语境下呈现出独特的复古情怀。

密扇设计师韩雯此次将观察视角停驻在香港老字号中成药的外包装设计上。香港这座深受东西方文化交汇影响的国际化大都市早在清末年间便形成了自己的中成药产业链，并从民国初期开始兴旺至今。早在19世纪中期，香港最早的华资转口贸易行业——南北行的经贸活动就十分活跃。大量药材运往东南亚及内地，香港也因此成为中药材内销及外销的集中地。而最早一批在香港开设分店的广州、佛山的老字号中成药商号和香港本地药行的蓬勃发展也让港产中成药广受民众追捧。除了药效显著，质优价廉，携带方便以外，不可错过的还有各家药局花尽心思的精美包装。（图2-41）

这一被绝大多数人忽视的来自中成药包装的美学语言便成了密扇本次系列的核心灵感。设计师韩雯认为不同于西药包装侧重理性观感，香港中成药的包装蕴含着强烈的人文气息，带有深厚的中国文化烙印。在香港独特的中西交融之文化背景下，中成药的包装自然成为西风东渐下文化碰撞的镜像之花。而激烈的市场竞争让药商们逐渐树立起了品牌保护意识，这也进一步加强了中成药百花齐放的独特视觉符号的呈现。这些符号也便转化成为新一季密扇时装上的内外细节。（图2-42至图2-47）

香港老字号中成药包装上花花绿绿、艳丽刺激又和谐统一的色彩其实是“正、明、艳”的中国传统设色观的体现。对密扇而言，品牌一贯在色调上保持东方风情的高饱和色彩，因此在本季春夏色彩的取舍上，韩雯也尽可能地让其与中成药的外包装保持着直观或潜在的观念统一——“五色观”，即青、赤、黄、白、黑。例如如意膏的粉色外包装其实是对传统意义上女性形象的暗示；绿粉色组合形式的八卦丹外盒则化

图 2-44

图 2-45

图 2-46

图 2-47

成一件极具戏剧张力的长礼服，其中常用于修饰包装盒边框的莨菪叶饰则作为裙摆正面的印花。

与此同时，中成药外包装的视觉化图案也以大面积印花的形式出现在服饰之上，并充分平衡了图案与色彩的组合与比例关系。印有婴儿人像或是奔跑猛虎的运动套装实则也出自八卦丹上的传统纹样。回春丹上的一对才子佳人，如意膏上的挂历女郎，亦被复刻在大廓形的棒球卫衣、T 恤衫或是短款夹克之上。尤其印有老上海滩女郎的改良款旗袍，它的风情万种恰恰因为这幅图案变得更加具有怀旧色彩。

中医里的针灸穴位图颇具装饰性，它们出现在修身款运动套装上。只不过每个穴位的具体描述以数字代替，一方面展现了西方世界对针灸的识别方式，另一方面也是对东方视觉符号（比如汉字）使用上的斟酌。这些细节都体现着密扇在东西方融合的设计语境与永恒传统的意象观念之下所做出的传承且颠覆的视觉陈述。

中成药包装背后所承载的中华文化也被设计师进一步细化、拆分、重塑。诸如白凤丸包装上颇具仪式化的层次感：从最外层的铁盒，到内层的蜂蜡，再到薄薄的锡箔纸和大红色的封条，如此精致且完整的视觉体系

图 2-48

图 2-49

图 2-50

图 2-51

图 2-52

图 2-53

一方面反映了当时中成药包装的审美体系，另一方面其在开启过程中所蕴含的仪式感也成为秀场造型的隐形参考。休闲外套的袖口仿照了古代中国药袋的收口设计；正反两面穿的外套也是对中医治疗中有关“正治反治”理论的抽象化呈现；甚至是服饰上的防水拉链和PUV胶印都采用了中成药包装上常见的红色封条，这原本是香港药局在统一管理老字号中药商号时的注册手段。（图 2-48 至图 2-53）

密扇此次的设计在鞋履和配饰上也体现了中成药包装趣味的一面。高跟鞋选择了与中国平面设计师创立的品牌Suddenly Sneezed合作，鞋跟以清凉油瓶身为灵感。清凉油的瓶身设计源于20世纪20年代美国的装饰艺术文化，这也正是东西方文化结合之于医药应用上的代表。墨镜则选择了与The Owner合作，细节部位依旧在强化该系列的核心：支架使用了手工雕刻技艺，灵感源于中药材里的植物根茎；绿色镜片产生的渐变效果让人联想到同样色泽的清凉油；镜框上的红色点缀物进一步深化“丹”的概念。与此同时品牌再次联袂DREAMPLAY独立创意工作室，打造了以古典丹药瓶和古法针灸为原型的艺术首饰系列，戏剧化地加强了密扇“丹”系列由内而外、气贯东西、前卫而又神秘悠远的审美意趣。

如今，隐藏于本季服装细节中的这些老字号中成药依旧广泛出现于老百姓的日常生活中，只不过那些考究的外包装设计与其蕴含的美学体系却未能得以传承。本次于伦敦时装周首发的密扇2019春夏“丹”系列便是设计师韩雯对于这个已略显低调领域的深入挖掘，这同样也是密扇与韩雯对传统中国美学体系当代化表达的再一次诠释。

密扇 2020 秋冬纽约时装周系列设计

通常来说，参加纽约时装周的品牌至少要提前四个月开始筹备，通过专业的制作团队同纽约时装周组委会建立联系，由制作团队协助品牌同组委会沟通秀场发布事宜。2020秋冬纽约时装周的开幕秀品牌即密扇。

密扇2020秋冬系列中，设计师韩雯从中国历史与神话中提取了貔貅、葫芦、破空竹等寓意

图 2-54

图 2-55

图 2-56

图 2-57

美好的元素，借由先进的科技面料，在成衣的细节上展现了与传统“非遗”工艺融合的时髦感十足的图案。

设计师们办秀通常是从时尚传播的角度做考量，如增加品牌曝光量、吸引买手注意、强调品牌市场定位等，这些是办秀的本质。但是冯光表示，在这个特殊时期的纽约时装周上，“为中国发声”远比展示服装更重要，以往密扇是通过服装来向世界展示中国文化，而这一次他们希望展示中国人民在面对困难时坚韧不拔的勇气和对希望的坚持。（图 2-54 至图 2-57）

已经完成四大时装周之旅的密扇，下一步仍然会持续在国际上发声，从之前产品以及这次服装秀的整体呈现上来看，得到的反馈是很正向的。冯光说：“现在这个时代对中国设计师来说，是最好的一个时代，无论发生什么情况我们大家都还是要相信自己。可能现在短期内会有一些影响，但是大的趋势是好的，给了年轻设计师们发挥的机会，我们大家还是要坚持抓住机会。未来我们还会持续在海外发声，做相关的事情，我们不能辜负这个时代。”

第三节　国风潮牌的图案设计

一、中国古代图案设计的寓意

国风潮牌秉承中国古典服饰以图案、纹样表达服章制度、象征意义、等级地位等设计思想，以图案设计为主，且图案纹样的设计内涵丰富，带有浓厚的古典文化意味。同时抛去等级制度的符号象征意义，更多地赋予图案符号以文化内涵和生活情趣。

我们先来看看中国古代的服饰图案的运用是怎样具有着符号化、象征寓意化的特点的。

以古代天子冕服上绘绣的十二种纹样为例，其称“十二章纹”：衣上绘日、月、星辰、山、龙、华虫，称“上六章”；裳绣宗彝、藻、火、粉米、黼、黻，称“下六章”。

日：太阳图案，绣于上衣的左肩处，与右肩的月亮遥遥相对，取光明照耀之意。

月：月亮图案，绣于礼服的右肩，与日相对，取光明照耀之意。

星辰：星象图案，通常用北斗七星，绣于日、月图案之下，或绣于后背，取光明照临之意。

山：山石图案，绣在上衣，隐喻稳重、镇定。

龙：双龙纹样，一条龙向上，另一条龙向下，取龙之应变之意。

华虫：雉图案，因色彩鲜艳，纹章华丽而得名，表示穿着者有文章之德。

宗彝：祭器图纹，通常左右各有一个，形成一对，器物表面常以虎、蜼为图饰（相传虎威猛而蜼智孝），取其忠孝之意。

藻：水草纹，常位于下裳，取其纯净、有文采之意。

火：火焰图案，取其光明之意。

粉米：米点状的白色花纹，取其滋养化育之意。

黼：斧形纹样，斧刃为半白，斧身为半黑，取其决断是非之意。

黻：两“己”相背的纹样，用色为半青、半黑相间，取其明辨之意。

中国古代服饰上的纹样设计最主要体现了等级制社会身份地位的象征寓意。帝王将相，后妃命妇，各级官员，他们的朝服、礼服自不必说，民间各种各样的图案纹样也代表着各种各样美好的吉祥寓意。因此中国古代的图案纹样有非常丰富的艺术内涵和意趣，值得深入挖掘和推敲。

比如华盖纹样，华盖，是帝王或高官所用的伞形遮蔽物。崔豹《古今注·舆服》：“华盖，皇帝所作也，与蚩尤战于涿鹿之野，常有五色气，金枝玉叶，止于帝上，有花葩之象，故因而作华盖也。”后世帝王、贵族之车也有华盖，又叫宝盖。

鸾鸟绶带纹样：鸾鸟口衔绶带，鸾鸟为吉祥富贵之鸟。绶，古代系印组的丝带。《史记》：“怀黄金之印，结紫绶于腰。”印绶多指官吏的印章，故以绶带示意功名利禄，有吉祥喜庆之意。

鲤跃龙门：一条鲤鱼高高跃起在龙门之上。古籍中多有记载鲤鱼跃龙门的典故，如宋代《埤雅》：“鲤鱼之贵，俗说鱼跃龙门过而为龙，唯鲤为然。是以仙人乘龙亦为骑鲤。”清代《三秦江》：“江海大鱼薄集龙门下数千，不得上。上则为龙，不上者鱼，故曰曝腮龙门。”后常以“鲤跃龙门”比喻科举中考。

风调雨顺：图案由琵琶、伞、宝剑和一条龙组成。它们是四大天王手中的法物。四大天王是佛教中的神将，俗称四大金刚。他们手中的四件法宝寓意风调雨顺、天下太平。

由此可见，中国古代图案纹样丰富，寓意也各不相同，这些图案纹样充满古人的智慧和想象力，极富古典文化韵味。在国风潮牌的服饰设计中，设计师们也大量地采用图案纹样的设计，借鉴古代纹样的同时加入现代的思维和想象，重新组合，亦古亦今，赋予了图案更多更丰富的内涵。

二、国风潮牌图案设计手法

密扇的图案设计

以密扇2016年的“大航海”系列为例，灵感源于1421年郑和第六次下西洋的奇闻异事与历史传说。图案设计内容：捆兽绳、地球宝仪、望远神镜……搜罗万宝，驾一艘漂洋万里船，携一颗御浪女儿心，从此大起大航谁叫我，此生大浪大荡，就爱飘摇。图案设计意在表达不求岁月静好，来世安稳，只想同舟共济，共赴前程。这浮生几多飘摇，又有何所惧。密扇作为最具代表性和开创性的国风潮牌，特邀以国风绘画见长的艺术家撒旦君，用当代手法重新绘制中国传统的祥瑞之物，每一幅图案皆为原创。印染和刺绣，一针一线都有缘由。密扇花费在研究古籍上的时间，毫不逊色专注于设计的时间，其在努力尝试创造一种潮范儿又有点儿酷的风格，而最重要的是，这一切的灵感，都源自中国人自己的文化。

密扇喜欢用不落俗套的现代设计解构中国传统的森罗万象，借由服装为媒介载体，糅杂出一种全新维度的新东方主义美学语言。简而言之，密扇是通过新的设计融合传统美学，创造新的东方美学。其用创新的设计去诠释中国时尚，追溯中国古典文化。

密扇的印花灵感来源丰富，从《山海经》里的神话故事到民国时期广告里的美女图，都被密扇重新演绎印染在衣服上。品牌从建立初期就很会玩文艺游戏，2014年的时候和擅长画鬼神的漫画家撒旦君合作，召唤出了我们中华上古神兽貔貅。（图2-58至图2-61）

之后又从仙界取材，根据仙宫灯会的神话传说，创造了一系列与仙女一同游玩灯会的热闹场景。（图2-62、图2-63）

2015“嬉游记”系列根据《西游记》火焰山这个故事章节来打造了一些孙悟空与牛魔王大战的印花。（图2-64、图2-65）

可别以为密扇只会搞神秘幻境，人家可是饱读诗书的，设计概念里随处可见一些诗词歌赋里的典故。（图2-66、图2-67）

又如前面提到的“大航海”系列，撒旦君根据郑

图 2-58

图 2-59

图 2-60

图 2-61

图 2-62

图 2-63

和下西洋画的那些印花图案也是又时髦又有故事情节。（图 2-68）

金文聪和她的“坏品味西部”

坏品味西部是金文聪的原创品牌，衣服极具设计感，用色大胆，好看又实穿。“我并不认为坏品味西部是我赚钱的工具，我投入了更多的感情，即使我以后转行也好，干别的也好，我最好的时光都是和它在一起。它是我的载体，我每一个成长阶段，我的喜好厌恶和情绪个性，它应该比谁都清楚。”金文聪在她的自述中准确地表达出她的设计风格——自我，不追从主流而独成一派，让人过目难忘，可以说，金文聪开创了自己的风格，同时在获得成功后，被人追捧成为典范，模仿她设计出很多带着“金文聪”标签的衣服。（图 2-69）

如图 2-70，该图案为国风潮牌坏品味西部“完事胜意”系列的主题印花，是由坏品味西部与插画师天明儿合作共创而成，也是天明儿笔下“山海经”系列画作。古籍《山海经》中描述胜遇为：“玉山，有鸟焉，其状如翟而赤，名曰胜遇，是食鱼，其音如鹿……”图案设计以此为原型，发挥想象，将原本通身红色的胜遇，赋予了五彩斑斓的形象。胜遇生性爱吃鱼，因此图案背景布满了大大小小的游鱼。此外还融入了弯弯的月牙图案，营造出镜花水月的幻境，更给这鸣叫声像鹿的神鸟填上奇特玄妙的一笔。本系列服装上的印花，刺绣元素，小鱼装饰，胜遇耳环，都是根据画作做的原创设计，除了视觉上的审美，更赋予了作品整体上的趣味性。

“夏蝉尽死”系列印花图案（图 2-71）的灵感来自《山海

图 2-64

图 2-67

图 2-65

图 2-68

图 2-66

图 2-69

图 2-70

图 2-71

经》中关于神兽“鵸”的描述：“符禺山鸟多鵸，似翠赤喙，可以御火。”设计师赋予了它更为浪漫的顶羽——夜青焰，以表现其“御火”之能。图案中大量的孵梦花奠定了画面整体浓烈且富有生命力的基调。在孵梦花的花心之中孕育着崭新的生命，激发出让人渴望拥抱的温柔欲望。“夏蝉尽死”系列服饰如其图案所表达的让人想要拥抱的感觉，以繁花寄言，以温柔包裹。设计师提取了插画中的鵸、孵梦花等元素，以针织、印花、刺绣等工艺将“夏蝉尽死”的温柔意境体现在服装上，于秋风过耳之际，拥抱倔强温柔的生命之力，是非常有内涵的图案设计。（图 2-72、图 2-73）

“山海经——赤鱬”原画（图 2-74）：该图案为“极地夜市”新品主题印花，是坏品味西部“山海经”系列的第十三幅画作。画中为上古神兽“赤鱬”，《山海经》中描述赤鱬为：“青丘之山，英水出焉，其中多赤鱬，其状如鱼而人面，其音如鸳鸯。”天明儿以此为原型，将赤鱬刻画成更加东方的形象，以契合坏品味西部的服装风格。给人鱼穿上衣服的同时，衣服上也细化了水波鱼鳞纹，鱼尾则刻画成一闪一闪的奇幻造型，背景用一只大水母来丰富画面。既是一幅迷人的画作，也给后期服装的创作带来了不少素材。本期服装中出现了贝壳、珊瑚从图案的刺绣、印花、烧花工艺，以及一些海螺、海星状的周边饰品。（图 2-75、图 2-76）

“以梦喂马”（图 2-77）是坏品味西部“山海经”系列的第十四幅画作，是由坏品味西部与插画师鱼眼共同创作而成。《山海经》中有一种叫“貘豹”（即梦貘）的神兽，以吞噬梦境为生，专食噩梦，其鼻子像象，额头像犀，尾巴像牛，所以根据记载，画者创作出了圆滚滚的梦貘形象。画面上，一对梦貘在噩梦与美梦萦绕的梦境里徜徉。画面呈现出两部分对立的图案，一个是诡谲混乱的噩梦，一个是泰然佛面的美梦。这似在告诉我们，如果你有不快乐，尽管把噩梦投食给梦貘，让它留赠你夜夜美梦。

“白云不羡仙乡”系列图案设计（图 2-78）：画作对应中国戏曲名著《长生殿》，画中为唐明皇与杨贵妃漫步闲庭，画境闲云野鹤萦绕，人物衣带飘然，姿

图 2-72

图 2-73

图 2-74

图 2-76

图 2-75

图 2-77

（主题元素补充）

（人物印花）

（主题印花）

图 2-78

图 2-79

态从容悠缓，展现出四大美人之一的杨贵妃轻盈丰腴的体态，与纤丽淑婉的华贵之美。画作以光彩夺目的红色为主色调，颇具唐朝盛世的繁荣特色。坏品味西部从服装美学的角度出发，对原画进行提炼、重组，得出本系列主题印花，或天子唐明皇化身的龙，或杨贵妃头上盛放的莲花，或悠然的仙鹤。将原画作的色调、元素、风格提取并衍生，以印花、刺绣的形式出现在服装上，实现了画作与服装的融合与转换，继续了一贯的新潮中国风路线。

“思凡”系列图案设计（图 2-79）：此为坏品味西部戏曲风“曲苑集”系列中一折，与插画师鱼眼共同创作。昆曲《思凡》写了小尼姑色空，年幼时多病，被父母送入仙桃庵寄活。色空正青春年少却久困樊笼，于是私自逃出尼庵，远青灯，食烟火，觅郎君。在插画的创作中，插画师鱼眼以山水为寄，将色空的美好幻想具象为一个朦胧的僧影，以浪漫的蓝色笔触渲染出一幅深远悠长的少女愿景。若问色空恋这人间有几多，似山层峦，似水流深。在图案的设计中，设计师着重放大了色空内心深处的叛逆。原画是深山里的禁欲与寡淡，而成衣体现色空内心的挣扎反骨——采用了一些朋克硬核元素，从清新的山水印花，到叛逆的金属圆环、皮质织带，对应色空从山上到山下，从樊笼到人间，从循规蹈矩到恣意张扬，用向往的力量冲破束缚。“思凡”契合坏品味西部一直以来主张的设计理念，撞进烟火里的色空不再拘束，行止由心，似在告诉世人愿世人也似她一般，尝尽人间烟火的苦涩与甘甜后，仍然保有初心。（图 2-80 至图 2-82）

图 2-80

图 2-81

图 2-82

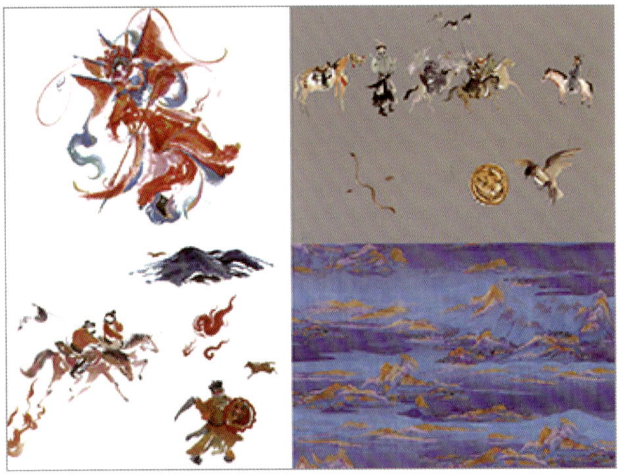
图 2-83

图 2-84

图 2-85

“挂帅”（图 2-83），来自坏品味西部“曲苑集”系列，由坏品味西部和插画师鱼眼共同创作而成。主题选自戏曲《穆桂英挂帅》，讲述穆桂英为保大宋江山，全身披挂，意气风发，力战番将，夺取敌方辎重，最终得胜回朝的故事。在图案的创作中，插画师鱼眼从穆桂英挂帅出征的场面挖掘灵感，将征战途中大队行军秣马厉兵、浩浩荡荡前往平定安王之乱的情景刻画了出来。这幅作品只进行了人物的形象创作，背景则是和《千里江山图》融合交汇而成。整个画面色彩基调是夜幕降临之后的蓝紫色，色系整体偏暗调，与秋冬服装色调保持了一定的契合度。而在夜幕中冲锋陷阵的将士们的形象也让整体故事更加饱满立体。坏品味西部将这期风格定位为重工感的复古风，结合故事背景和主角穆桂英英姿飒爽的女性形象，用较为挺阔的版型，紫灰色的色调，皮革牛仔类中性调的材质表现服装（拼接带来一部分粗糙感，契合战场气质，刺绣金属等偏精致的设计塑造了外刚内柔的女性形象）。在图案的处理上，重塑原画人物形象，将原本水墨派的士兵，用现代的绘画手法加以重塑，描绘将士们在行军当中各色生动灵巧的姿态，而这一系列人物形象组合成一连串动态轨迹，布置在衣身各个细节处，使其看似硬派，却暗藏童趣小心机，直率勇敢、柔中带刚是穆桂英，也是坏品味西部女孩——刚柔并济，主宰自我，做自己的大女人，为自己挂帅披荆斩棘。（图 2-84）

“新城骊歌”（图 2-85）图案主题灵感来源于霸王别姬，是插画师鱼眼为“曲苑集”系列增添的新篇章。故事出自《史记 · 项羽本纪》，描写了项羽与虞姬在战鼓连天的纷乱中诀别，映衬大时代背景的悲情结局。原画的创作中，插画师用饱满的笔触渲染出烽火连天、四面楚歌的悲壮景象。画中人物融入情景，艳丽花火化作云霓，悲壮辞各，哀情悲歌定格在画面之中。愿做画中人，去感受这份真挚的情感。在服饰设计过程中，没有追溯原画赤红朱色，而是从另一个维度截取主题色系，以黑金配色展现项羽慷慨悲壮、负有雄心壮志的力量感，反之与其产生强烈冲撞的紫绿配色则映衬虞姬柔情似水的女性力量。两种配色在反差中相互映衬与融合，共同描绘这段伉俪情歌。

“扇形宇宙”（图 2-86）灵感来源于戏曲《牡丹亭》——梦醒后忿惋而死的杜丽娘化为游魂魍魉也要孤注一掷与书生柳梦梅相恋，最终以还魂归情画上圆满句号。插画师鱼眼以杜丽娘还魂为主要情节来进行创作，笔下的画面混沌又烂漫，也是为了映射原戏

图 2-86

曲故事结局的大圆满背景。画中翩跹的蝴蝶元素和占据主题篇幅最大的折扇元素都能够意象化地表达出主人公的形象，在现实、梦境、幽冥的婆娑宇宙之中也不忘本质，叛逆地为爱奔走。

服装设计上并没有完全的大面积直接采用原画图案，而是提炼出扇形为主要元素来进行抽象发散，将带有古典色彩的折扇、游离的蝴蝶等元素线条化，与印花、刺绣、盘扣紧密维系起来，打造出古典风、抽象化的现代服饰。线条元素的运用，很直接也很纯粹。

“水漫金山”（图 2-87）图案由坏品味西部与插画师鱼眼共同创作而成，表达了渴望万事顺利的美好期冀。“水漫金山”说的是青白二蛇与法海在金山寺的水斗大戏。插画师鱼眼从故事中提炼出关键元素：一座小小的金山寺在画面底部，粉色巨浪滔天而起，施法中浑身闪烁着繁复花纹的青蛇腾于半空，白蛇以半人半蛇的形态盘旋一侧——着重表现青白二蛇唱咒斗法的激烈画面。待尘埃落定，单纯地渴望一个圆满的结局。插画的配色清新生动，画面非常富有故事性。

时值夏日来临，坏品味西部便提取了画中清新亮眼的色彩，确定了“魔法少女”的创作思路，在服装创作上大量地运用了印花、刺绣、纱质面料、木耳边、蝴蝶结等偏少女的设计元素，营造出中式魔幻的服饰风格。同时简单地期冀现在面临的所有烦心事都能快快过去。（图 2-88）

图 2-87

图 2-88

"午后"（图 2-89）："午后"是"金鱼姬"系列之一。该系列是坏品味西部与画师 TOTO 合作共创而成，该期服装上的印花、刺绣均是根据画作原创开版，除了视觉上的审美，更让穿衣变成一件有趣的事。"午后"图案，展现的是夏日荷塘游玩的场景，每一只金鱼被赋予了灵魂，有情绪、知万物，她们呼朋引伴，喝啤酒、吹泡泡、吃西瓜……俯仰来回，展示着一出充满人间烟火气息的生活戏。一只佛手嵌在画中，荷叶托佛手，佛手托金鱼，一动一静的对比，心如荷塘明镜，万物萦绕四周而闲定心静。"午后"图案通过服装，传达给我们这一份午后清静闲趣的心境——但自无心于万物，何妨万物常围绕。

图 2-89

图 2-90

"赏花"也是"金鱼姬"系列之一（图 2-90），展现的是清新自然、朦胧晕染开的粉白色系游鱼图案，创作的初衷，是从金鱼形象的少女照镜子的场景出发的，镜子中素净单一的少女，现实中是活得多姿多彩的模样，赏花本身就是美好的，所以摒弃其他颜色选择了粉白，既能代表少女的青春活力，又能表现豆蔻年华的纯洁无瑕。画中打着灯笼勇

图 2-91

图 2-92

往直前的小金鱼，呼朋引伴肆意游玩的小金鱼，陷入热恋甜蜜美好的小金鱼，都是曾经、现在、未来的我们，无论一路遇到什么，无论从哪里出发，终会成长为一个完整独立的自己。而画中如图腾一般的手、嘴、眼睛，全是心形花瓣的花朵，对成长中表达自己的渴望和少女心，都是组成画面的元素。（图2-91、图2-92）

该图案是坏品味西部“吃茶去”（图2-93）主题插画。图中左侧是一位守护小孩子的僧人，正和肩上的神鸟一唱一和，快乐而无忧；画面正中是一位稍显庄重的僧人，身边祈福的信徒们正在向他祈求来年家人能够无病无灾，新的一年风调雨顺；右侧是一位跷着腿托着腮的僧人，不知是在沉思还是在打盹儿……各自悠闲、各自安宁的极乐之景跃然而出。不同的人见同样的画会有不同的解读方式，而坏品味西部从中体会出闲适安宁的豁达禅意，将插画中的人物、手印、松树等元素提取并解构，用服装制作中的印花、刺绣等工艺形式重现在服饰上，契合插画整体“佛系”的风格，在服饰上表达属于坏品味西部的插画解读——大千世界，殊途同归，不如“吃茶去”。（图2-94、图2-95）

图 2-93

图 2-94

图 2-95

“拂光漫步”（图2-96）对应盛夏时节的到来，聚焦于夏日的小浪漫。关于夏天，总是忍不住想起清甜的西瓜，婆娑树影下摇晃的躺椅。一切美好都存在于傍晚的微风中，踱步竹林，脱离轨道，渴望飞去心田的另一片好去处。正如融入画面的趣味老虎图案和意境感满满的竹子元素，都能带领我们沉浸其中。美妙如斯，夏季总是最好的日子。本期服装沿用主题竹与虎的印花，并且以传统刺绣、印花、抽褶、镂空挖洞的工艺体现。伴随初夏逐渐炎热的氛围，在面料的选择上主要以网纱、印花雪纺以及轻薄的提花面料为主，以营造满满的夏日感，从而带给大家一种特别的轻松感，愿懂得欣然自乐的道理，将暂时的烦恼抛诸脑后，夏日作乐，感受浪漫，不负它的生机盎然。（图2-97、图2-98）

“龙文身女孩”（图2-99）图案是坏品味西部与插画师光目共创而成。是龙也是花的中国女孩们，即便看着再娇弱，内心也一定有一份最强大有力的力量能够主宰自己。本图案的设计挑选了中国风中最具

图 2-96

图 2-97

图 2-98

有代表性的“龙”元素来作为插画的主题。两条龙围着一枝俏丽的梅花在云雾里腾舞，如此威武刚烈的龙，与娇俏灵动的梅花结合，恰如“心有猛虎，细嗅蔷薇”的有着多面性的女孩们。

服装设计上采用了一部分传统元素作底，又融入了代表朋克和力量的金属元素，同时融合了中国传统的刺绣工艺。希望在传承传统的基础上有更多有趣的设计。出现在服装上的印花是经过对原画进行调整、再创而成。服装风格摒弃了仙气飘飘的中国风印象，不当公主，要当侠客！（图 2-100、图 2-101）

云思木想的图案设计

穷奇幻游虚境：百花烂漫，神鸟歌唱，灵木蔓草自由生长，只见穷奇狮子共嬉戏。设计师想用想象的笔触，描绘出奇幻的乐园。（图 2-102、图 2-103）

撞色穷奇印花半身裙（图 2-104）：借用现代艺术拼接手法，为半裙带来耳目一新的造型。穷奇幻游的印花图案生动，层次分明，将人吸引到奇幻的山海世界中，

图 2-99

图 2-100

图 2-101

图 2-102

图 2-103

图 2-104

经典与摩登触手可及。

穷奇灵木水溶蕾丝T恤（图2-105至图2-108）：选取《山海经》里的穷奇和灵木花卉，化作精美立体的水溶蕾丝钩花，结合复古典雅的泡泡袖造型，刻画出女性的优雅与精致魅力。

穷奇珠片绣花蕾丝半裙（图2-109、图2-110）：别致的图案与温柔的蕾丝面料相结合，加之珠片的点缀，更显女性的知性美与优雅美。

图2-105

图2-106

图2-107

图2-108

图2-109

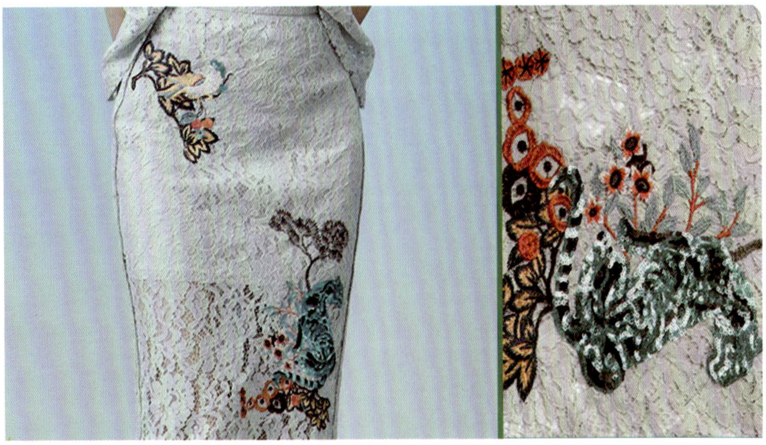

图2-110

古有武则天与花木兰的“新”女性表率，今有女权主义的崛起，在多元平等的当代，新女性力量越发强大。以时装语言跨时代串联女性的不同身份，京剧脸谱幻变神话图腾融入西方摇滚，古典美人召唤百岁瑞兽碰撞波普艺术，可酷可柔的多变架势贯穿百态造型，令新女性不仅能登台做光芒四射的主角，亦能在日常中活出真我。（图2-111）

西秦渭水绕过东边的洛阳城，天边流星划过闪耀的火花，瑞龙起舞，游动着似凤凰般的艳丽。（图2-112）

图2-111

图2-112

马身人脸神（图 2-113、图 2-114）：源于《山海经》中的马身人脸神，脚踏花卉祥云，京剧头饰加持，和酸与、藤蔓构筑神奇的花园，途经人间盛景，所到之处遍地花繁叶茂。

马身人脸神征巡四方（图 2-115 至图 2-118）：马身人脸神乘坐龙舟，横渡山川湖海，翻越绵延山峰，征巡四方，守护盛世太平，沿途繁花似锦，一派祥和。

图 2-113

图 2-114

图 2-115

图 2-116

图 2-117

图 2-118

三、传统刺绣在现代服装设计上的运用

以高端国风品牌花木深的设计为例，花木深提倡安静、从容的处世哲学。与事，尊重生命原本的状态，不争，不抢，不烦，不躁，不随波逐流，不喧闹聒噪。与衣，崇尚纯粹与天然，在高贵优雅中体现知性醇美的本色。华而不炫，贵而不显，保持着装与内在思想的统一，始终走在“忠于自我”的路上。（图2-119）

对襟、宽袖、云肩，融入中式韵味和审美，将中式纹样与西式法绣、现代印花技术巧妙融合，使款型、图案既有中式文化内涵又兼具现代魅力。（图2-120）

图2-119

图2-120

图 2-121

花木深苏绣高定系列，聘请中国工艺美术大师、非遗项目（苏绣）代表性传承人、被誉为“苏绣皇后”的姚建萍，为其进行图案绣制。

苏绣，传承了千余年。由于工艺复杂，使得苏绣作品难以批量生产。如今市面上大量劣质绣品以次充好，令人难以辨别区分。花木深苏绣高定款联合姚建萍苏绣艺术团队，以精妙多变的针法和缜密的丝线处理，绣制了一幅幅绣线细腻、色泽丰富的作品。细微处甚至可将一根丝线分成六十四分之一，为大家呈现了精细的手工技艺以及艺术品一般的苏绣作品，再现了传统精工苏绣的魅力。（图 2-121 至图 2-124）

图 2-122

图 2-123

图 2-124

图 2-125

图案设计灵感来源：“山光悦鸟性，潭影空人心”——源自古诗《题破山寺后禅院》中较为热闹欢悦而又意境清澄明净的一句，充满动静、虚实相结合的禅意。设计师将潭水、飞鸟图案进行抽象设计，点缀在衣身前片，由姚建萍苏绣艺术团队手工绣制完成，以蓝白光泽绣线结合乱针绣手法，表现潭水的清澈幽深，以亮片表现粼粼水光，再现诗句中清亮明朗的场景。（图 2-125）

图案设计灵感来源：“山光悦鸟性，潭影空人心”——源自古诗《题破山寺后禅院》。设计师从古代工笔画中选取仙鹤与祥云图案，以仙鹤表现山的缥缈神秘，以祥云表现潭影空明，大幅图案分布于衣身前片，由姚建萍苏绣艺术团队手工绣制完成，色泽明丽鲜亮，相比诗句意境，少了几分空寂，多了几分明快。（图 2-126 至图 2-128）

图 2-126

图 2-127

图 2-128

图案设计灵感来源："万籁此俱寂，惟余钟磬音"——源自古诗《题破山寺后禅院》中的最后一句，也是整首诗意境的点题。余音袅袅令人回味，体现了一种清雅的孤寂之美。设计师将钟磬形状与水墨国画的笔法融合，经过抽象设计，分散在衣身，体现一种余音袅袅的美感。图案由姚建萍苏绣艺术团队手工绣制完成，细腻苏绣与空灵抽象水墨，体现出诗句中的唯美宁静。（图2-129、图2-130）

图案设计灵感来源："竹（曲）径通幽处，禅房花木深"——花木深品牌渊源古诗《题破山寺后禅院》中禅意幽深的一句，也是花木深品牌名称的来源。竹是"梅兰竹菊"四君子之一，具有一种清风瘦骨的高洁品质。设计师取材郑板桥《墨竹图》中竹子的形象，点缀在领口，设计出别致的领部造型。图案由姚建萍苏绣艺术团队手工绣制完成。裙身下摆处拼接撞色面料，清雅之中增添了几分时尚华丽。（图2-131至图2-133）

刺绣设计灵感来源："清晨入古寺，初日照高林"——古诗《题破山寺后禅院》中开篇的一句奠定了整首诗清朗明净而又充满禅意的基调。设计师取材古建筑纹样点缀在门襟处，表现古寺的清幽宁静。刺绣由姚建萍苏绣艺术团队手工绣制完成，服装交领斜襟，经典传统服饰款型改良，为衣身整体增添了几分古朴的禅意。（图2-134至图2-136）

服装设计灵感来源："襦，若今袄之短者"。襦衣是古人的短上衣，衣摆齐膝为长襦，膝以上为短襦，齐腰长为腰襦。汉代辛延年的《羽林郎》中描写一位汉代少女的着装："长裾连理带，广袖合欢襦。"她腰系连理罗带，外罩一件袖子宽大的绣花短襦衣。设计师参考《羽林郎》少女的衣着，保留广袖造型，突出了袖型的线

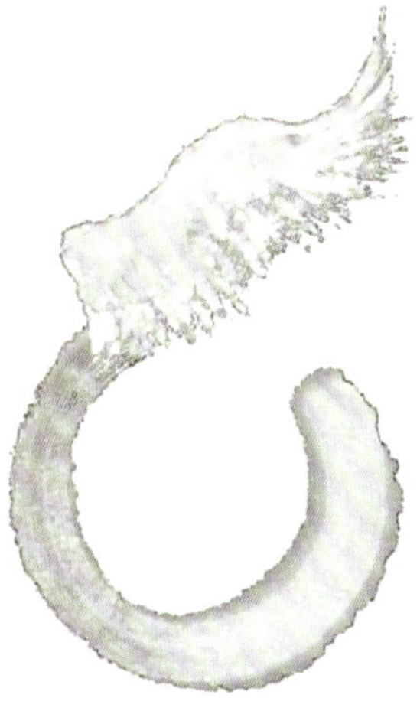

图2-129

图2-130

条棱角，前襟刺绣龙纹，以系带代替连理带，以宽松版型体现飘逸美感。前襟龙纹刺绣，采用金银丝走线和立体包绣工艺，图案纹样生动形象。（图2-137至图2-141）

服装设计灵感来源："山光悦鸟性，潭影空人心"——古诗《题破山寺后禅院》中动静结合的一句。后半句描绘一片宁静清朗的山光水色。设计师在裙摆处以大幅渐变色印花表现潭水的碧波清影，前襟点缀祥云组合图案，由姚建萍苏绣艺术团队手工绣制完成。碧空祥云与潋滟潭影相呼应，体现了"潭影空人心"中清澈空灵的意境。（图2-142、图2-143）

服装设计灵感来源："曲径通幽处，禅房花木深"——古诗《题破山寺后禅院》中禅意幽深的一句。设计师提取建筑纹样，经抽象设计，点缀于腰带处，以表现诗句中禅房的庄严。取材传统工笔画中花卉彩蝶图案进行组合设计，表现花木繁茂。图案由姚建萍苏绣艺术团队手工绣制完成。结合腰部蹀躞带设计与披肩的搭配，衣身风格相对于古诗的清幽意境，又增添了几分唯美神秘。（图2-144、图2-145）

图2-131

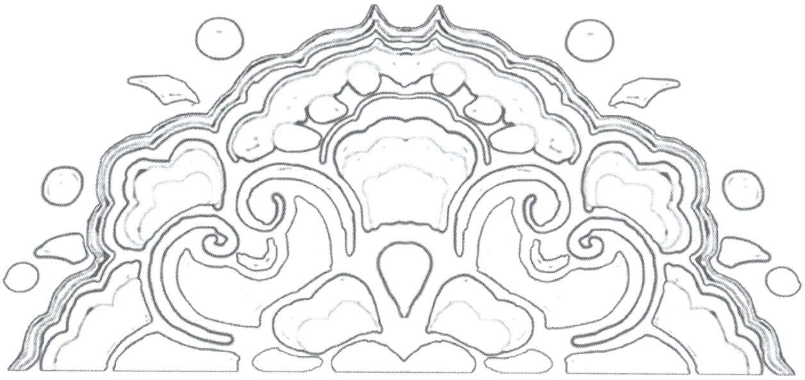

图2-134

图2-135

图2-132

图2-133

图2-136

图 2-137

图 2-138

图 2-139

图 2-140

图 2-141

图 2-142

图 2-144

图 2-143

图 2-145

图 2-146

腰带造型源于唐代的蹀躞带设计。蹀躞带，是盛唐时期宫廷与达官显贵常佩戴的玉带，代表身份尊贵。腰带绣传统纹样，风格古朴华丽。（图 2–146）

腰带纹样以苏绣盘金工艺勾勒轮廓，以平针和戳纱绣工艺充实肌理，结合金色光泽绣线纯手工绣制而成。纹样风格更显精巧华丽，还原了古代贡品苏绣的魅力，兼具艺术审美价值与收藏价值。（图 2–147）

披肩图案将传统工笔画中的花卉、彩蝶元素进行组合设计，形成团花样式绣在丝巾上，绣线色彩丰富明艳，造型雍容华贵。（图 2–148）

披肩花卉图案以盘金绣工艺勾勒轮廓，以平针绣充实肌理，中间花朵以打籽工艺增强花瓣的立体效果，并以渐变色表现层次感。平针绣是苏绣各种针法的基础，手法很简单，但要绣好却很难，线的排列必须均匀整齐，拉线轻重一致，才能达到绣面针脚匀、齐、平、密的效果。（图 2–149、图 2–150）

戳纱绣针法绣出的图案如织锦缎般美丽，而且随着线条横、直、斜的不同排列，花纹可以千变万化。即使是同一图案，由于色彩以及丝线受光不同，可形

图 2-147

图 2-149

图 2-148

图 2-150

图 2-151

图 2-152

图 2-153

图 2-154

图 2-155

成不同的效果。（图 2-151 至图 2-153）

袖子与衣身下摆的仙鹤祥云图案，取材于古代工笔画。仙鹤、松叶、祥云组成团花状点缀在两袖后摆，加之绣制的大幅祥云图案，意境缥缈唯美。（图 2-154、图 2-155）

图案以苏绣滚针、戗针勾勒轮廓，以套针表现色彩渐变，以直乱针、斜乱针、三角乱针表现肌理与层次感。特别是以斜乱针刺绣的仙鹤羽毛，丝丝分明，纹理清晰。绣品汇集了多种苏绣经典技法，纯手工绣制而成，还原了古代贡品苏绣的魅力，兼具艺术审美价值与收藏价值。（图 2-156 至图 2-158）

苗绣：传承了两千多年的苗族文化艺术，以其古老、神秘以及文献特性著称，有“无字史书”的美誉。于 2006 年 5 月 20 日入选我国非物质文化遗产名录。贵州的苗绣涵盖了苗族艺术、文化、历史、风情民俗和民间传说中的精华，地方特色浓郁，构图美观，针法精巧，造型别致，被视为民族服饰文化的瑰宝。苗绣不仅形式多样，工艺精湛，而且拥有深厚的文化内涵。

杨阿妮，贵州省“苗绣传承人”，从小就在母亲和老一辈苗绣手艺人的带领下学习苗绣技艺。勤奋

图 2-156

好学的杨阿妮不仅能描善绣、技艺精湛，还创新了辫绣、皱绣、双针绣、盘线绣等工艺，刺绣成品深受大众喜爱。如今，为继承和发扬苗绣技艺，杨阿妮不断尝试苗族原生工艺与现代技术结合的形式，使产品在保留苗族传统风韵、文化元素的同时，提升现代化审美意味。

苗族人将蝴蝶视为其种族生命的起始、延续。苗族也有着历史悠久的鸟图腾崇拜文化，“鹡宇鸟”被奉为神鸟，“鹡宇鸟”纹样也表达了苗族人民对美好生活的向往。这是苗绣对蝴蝶图腾和鸟图腾敬畏与钟情的原因。（图 2-159 至图 2-161）

前片大幅苗绣，立体生动。整件礼服裙大气端庄，做工精细，走线均匀平整。（图 2-162、图 2-163）

采用机绣的方式将蝴蝶图腾重新排列呈现于轻薄的欧根纱面料上，图案中心部位由苗绣大师

图 2-157

图 2-158

图 2-159

图 2-160

图 2-161

图 2-162

图 2-163

图 2-164

图 2-165

杨阿妮采用“打籽绣”和“单边盘针绣”绣制。（图 2-164 至图 2-167）

设计灵感来源：《元史 · 舆服志》载“云肩，制如四垂云，青缘，黄罗五色，嵌金为之”。云肩是在隋时兴起的一种披肩衣饰，多以织金或刺绣手法制成，十分华贵，多为达官显贵穿戴。《阅世编》按云肩大小分为宫装、云肩、阁鬓三式。设计师取材云肩中的“四方柳叶式”阁鬓款型，选用象征“五行”的青、赤、黄、白、黑五正色刺绣花草纹样，寓意花繁叶茂。再根据佛教的“三十二相”，裁剪为三十二片，寓意呈祥纳福。搭配同色基础款蕾丝连衣裙，更适合日常穿着。（图 2-168、图 2-169）

图 2-166

图 2-167

图 2-168

图 2-169

宫廷手工珠绣，一直为众多高定品牌所偏爱。花木深珠绣系列融入了上海Graceyhan工坊的珠绣技艺。Graceyhan工坊创始人韩钰，曾在Chanel旗下Lesage刺绣工坊专注学习钩针刺绣和染花技艺，精于法式钩针刺绣技艺的创新和设计。（图2-170）

延伸阅读：学生刺绣腰封设计作品欣赏。（图2-171至图2-181）

图2-170

图2-171 2018级1班 梁玄姬

图2-172 2018级1班 周玄

图2-173 2018级1班 刘红赟

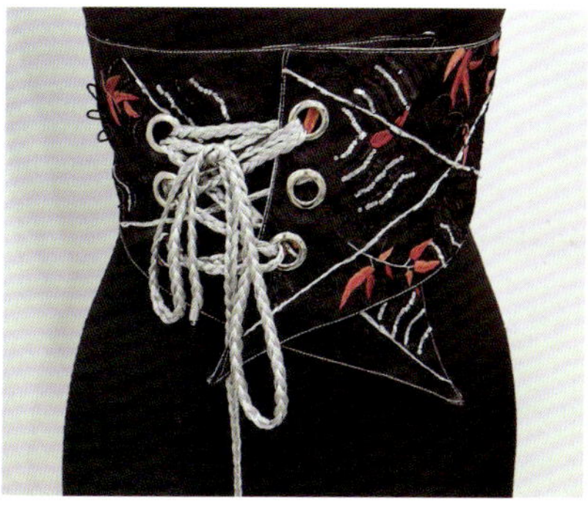

图2-174 2019级1班 杜雨浓

图 2-175　2019 级 1 班　燕云洁

图 2-176　2019 级 1 班　陈钱钱

图 2-177　2019 级 1 班　刘新

图 2-178　2018 级 1 班　杨小莹

图 2-179　2018 级 1 班　闫卓

图 2-180　2018 级 1 班　曹雨晴

图 2-181　2018 级 1 班　郭雪

第三章
传统旗袍的现代设计演绎

第一节 旗袍的起源与发展

旗袍，被誉为中国国粹和女性国服。虽然其定义和产生的时间至今还存有诸多争议，但它仍然是中国悠久的服饰文化中最绚烂的现象和形式之一。旗袍形成于 20 世纪 20 年代，发端于民国，代表着中国近代时尚。五四新文化运动使得旧的过去，新的到来，形成了独特的民国气质。人们并非因为进入民国才萌发了新思潮，而是那些思潮等来了民国。怀念旗袍，其实是怀念那个时代的人对美和对自我的追求。

民国时期的西学东渐，学的不仅是西方的哲学、科技，也包括审美。从 1911 年的辛亥革命到 1935 年抗战前夕，中国社会经历了巨大变革，对当时的妇女服饰产生了巨大的冲击，使得这个时期的妇女服饰就好像是一出漫溢喜怒哀乐的通俗剧，包含了：“梦想”——截发男装，渴求取得与男性一样的地位；“痛苦”——束胸，阻止乳房发育；“恐惧”——怕因衣着触犯封建禁令，受到惩罚；“欲望”——解放身体、衣着暴露；“愤怒”——断发短衣，加入社会改革运动。

旗袍被认为最初来自清朝满族妇女的长袍，是在此基础上的一次次改良。

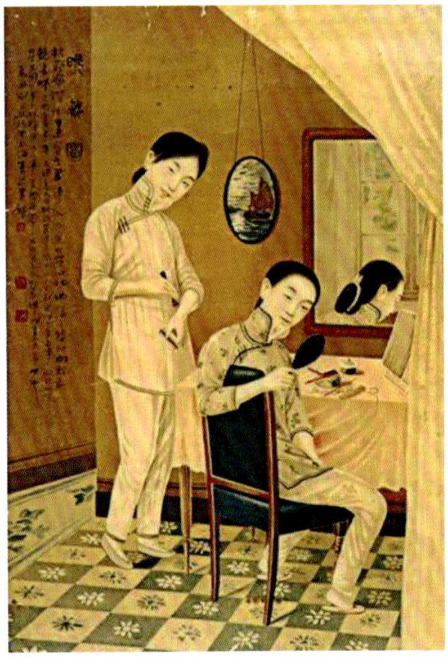

图 3-1

让我们穿越回 1921 年左右的中国，为了招揽生意，商家雇佣画家作画，配上日历、商家名号和产品等信息，做成月份牌、招贴画，免费发给顾客。这种形式逐渐风靡中国，成为当时的一种时尚。如图 3-1，此图为 1914 年由郑曼陀所绘的中国“第一张”月份牌《晚妆图》。从那个时代开始，旗袍的改良与发展，有了质的飞跃。

《良友》画报第 130 期的封面，画上的女子 19 岁，却已是上海有名的美人，中日混血的她面若桃花，她就是 1939 年刺伤汉奸丁默邨的美女特务，也是电影《色 · 戒》中王佳芝的原型郑苹如。

据不完全统计，月份牌广告画最多的要数烟草广告。无论是古代民间故事还是时装美女画像，都会出现在国内外的各色烟草公司广告画里面。正如畅销的哈德门香烟，不仅因口味清淡柔和受到男士喜爱，其富有饱满视觉效果的美女广告画也是吸引消费者的重要原因。

药是继香烟之后第二大广告商品，哪怕是生病吃药这样消极的主题，商行也会用色彩鲜艳的广告画明目张胆地暗示你不用担心，吃了我们的药包去百病，你又会拥有像画上女郎一样好看的健康气色。

配合着女士衣着的打扮变化，商人们敏锐地想到利用广告画对爱美女士们推销化妆产品：胭脂、香蜜粉、雪花膏等。这些广告画会刺激女士们的购买欲望：像画上的美人一般烫个头，抹点儿红胭脂，没准儿便成了舞厅里边最受欢迎的姑娘了!

图 3-2

图 3-3

图 3-4

图 3-5

虽然那个时代已离我们远去，但那一张张惊艳了时光，温柔了岁月的老招贴画、月份牌，依然能唤起我们丝丝怀旧情怀，让我们静静欣赏。（图 3-2 至图 3-4）

民国短短 38 年，却催生出了异常绮丽的中国风尚。

一开始，“时髦”一词是专门来形容青楼女子和戏曲伶人的。作为第一批在社会上“抛头露面”的女性，她们不断变换花样装扮自己，掀起了一阵“奇装异服”的风潮。女学生们最先模仿她们，良家妇女虽心中不屑，也经不住美的诱惑，纷纷穿起了“新式时装”。

到了 20 世纪二三十年代，电影明星、社交名媛成为新的时尚风向标，张织云、殷明珠、周璇、胡蝶、徐来、阮玲玉、李丽华……潮流变更之快几乎到了“无日不翻新”的程度。一有新的流行出来，所有人都趋之若鹜。那时的人们对于时尚和美的向往与追求是远超现代人想象的。上海滩的“歌舞皇后”浦惊鸿因为烫发殒命，年仅 17 岁。摩登女郎们虽哀叹，却扬言“烫发出人命，做鬼也风流”。短短 38 年间，时代的风起云涌，催生出异常混乱多变却精彩纷呈的中国风尚。不少当时的设计、工艺即便放到今日，依旧令人惊艳。

民国初年，流行袄裙、袄裤，崇尚“窄瘦纤长”。大部分城市虽已废除了缠足，但束胸的风气却似乎愈演愈烈。大胸阔臀被嘲笑是粗俗之态，难登大雅之堂。时髦人士、电影明星拍照，都是“含胸微驼”的姿势。同时，女装将袖子收窄缩短，露出手腕，这在当时已是非常大胆的突破。

整个 20 世纪初及 20 世纪 20 年代，主流依旧是延续汉族女子“上衣下裳”的两截穿衣形式。（图 3-5）

在五四运动的影响下，中国女性解放思潮兴起，一场轰轰烈烈的废领运动就此展开。索性把整个立领去掉，借鉴西方的时尚元素，出现了鸡心领、海军领、钻石领……圆角式短衣，喇叭口的倒大袖是这一时期的大热款式，透过袖口，女性的手臂若隐若现。下身再搭配纤细妩媚的长筒裙，便是当时著名的“上海装”。约 1925 年，旗袍才真正登上中国时尚舞台。在很多人的印象中，旗袍总是和凹着夸张的 S 曲线，开衩到几近大腿根部的性感，甚至是物化女性联系在一起。这些都是和真实的历史背道而驰的。旗袍起源于一批先进女性模仿男性穿长衫，以弱化性别特征，反抗传统女性形象。后来几经改良，与旗人的袍服、西方的时装相融合，才慢慢演变成了大家所熟知的模样。整个民国时期，旗袍都是平面剪裁。不是紧身的让人去适应衣服，而是你的身体曲线是怎样的，衣服就呈现怎样的形态、风格，这也是我们中国服饰的智慧。

20 世纪 30 年代，旗袍成为大都会中女性普遍穿着的时装。当时，高领之风重新兴起，“竹筒状”硬领紧紧包裹颈部，比民初的元宝领还要束缚百倍。追求时髦的摩登女郎在大暑天也坚持穿着，常被勒出一道道青痕。

立领开口处的盘扣多达四五排，紧紧抵着下颌，塑出天鹅颈，非常优雅。领子越来越高，衣袖则是越来越短。20 世纪 30 年代末期已经开始流行抹袖和无袖旗袍，衣长一直到脚面。

旗袍的起源究竟如何，众说纷纭。也有部分学者认为其源头可以追溯到先秦两汉时代的深衣。20 世纪 20 年代之后旗袍成为最普遍的女子服装，并被中华民国政府于1929年确定为国家礼服之一。20世纪50年代后，旗袍渐渐被冷落，尤其“文革”中被视为“封建糟粕”“资产阶级情调”，遭受到了批判。

20世纪80年代之后，随着传统文化被重新重视，以及影视文化、时装表演活动、选美活动等带来的影响，旗袍不仅逐渐在国内复兴，还遍及世界各个时尚之地。

1984年，旗袍被国务院指定为女性外交人员礼服。

2011年5月23日，旗袍手工制作工艺成为国务院批准公布的第三批国家级非物质文化遗产之一。

2014年11月，在北京举行的第22届APEC会议上，中国政府选择旗袍作为与会各国领导人夫人的服装。

此外，大量资料显示旗袍始于1925年。

当今学术界主要的观点认为旗袍指民国旗袍，是在民国时期发展成熟并形成较稳定形态的女子袍服。

在整个清代浩瀚的文献中，旗袍一词从未出现，在清代旗人称呼自己所穿袍服为旗服或旗装，满语称呼为“衣介”。旗袍作为一个具有特定意义的词出现，最早见于1918年沈寿口述，张謇笔录的《雪宧秀谱》一书中：“绷有三：大绷旧用以绣旗袍之边，故谓之‘边绷’。”这里的旗袍是作为一个特定的指代某种刺绣服饰的名词。

卞向阳在其《论旗袍的流行起源》一文中说道：“所谓‘旗袍’，指衣裳连属的一件制服装（One-piece Dress），同时，它必须全部具有或部分突出以下典型外观表征：右衽大襟的开襟或半开襟形式，立领盘纽、摆侧开衩的细节布置，单片衣料、衣身连袖的平面裁剪等。尽管有观点认为旗袍包含清代旗装的袍和民国女性的袍，但是通常意义上的旗袍一般是指20世纪民国以后的一种女装式样。”

民国初期的一段时间里，西方文化与思想大量涌入，思想先进的年轻人积极向西方学习，特别是女性勇敢地追求解放是中国封建社会历史上从未有过的。当时爆发的“新文化运动”“五四运动”等以年轻人为参与主体的社会运动，为当时女性寻求思想解放和平等权利提供了巨大推动力。有许多学者在研究旗袍的缘起时，也是站在当时这一社会背景下的，比如吴昊的著作《中国妇女服饰与身体革命（1911—1935）》一书。

张爱玲女士曾在《更衣记》里写道：“五族共和之后，全国妇女突然一致采用旗袍，倒不是为了效忠于清朝，提倡复辟运动，而是因为女子蓄意要模仿男子……她们初受西方文化的熏陶，醉心于男女平权之说，可是四周的情形与理想相差太远了，羞愤之下，她们排斥女性化的一切，恨不得将女人的根性斩尽杀绝。因此初兴的旗袍是严冷方正的，具有清教徒的风格。”王宇清先生也持这种观点：“旗袍，这后来流行大半个世纪的女装，却原来竟是新潮女子们争女权争平等的副产品呢。”

所谓女子为求与男子平等的权利而穿男子长袍之风气，并没有随着革命的胜利而结束。1920年《民国日报》刊登朱荣泉写给楚伦先生的信，讨论女子着长衫的文章——《女子着长衫的好处》。“长衫”最初是广东一带对男子长袍的称呼，可见当时上海地区女子着长衫者已经不罕见。

经过辛亥革命胜利后的女子放足、剪发运动，女性的解放到20世纪20年代中期得到了蓬勃的发展，伴随女权运动的发展，女子着男子长袍的现象在全国也越来越普遍。北京的报纸载文：“如今的女子剪发了，足也放了，连衣服也多穿长袍了。我们乍一见时，辨不出她是男是女，将来的男女装束必不免有同化之一日。”不仅北京如此，“在广州通衢大道之中，其穿长衫之女界，触目皆是……而无论贫富贵贱之家，若系女界之年少者，一若非具备一长衫，即不足以壮观瞻。”由此可以看到当时年轻女性着男子长袍已是成为一种风气，但是在当时舆论之中并没有太多的鼓励，反而批评者不少。到了后来，北伐胜利之后，旗袍便已经完全恢复了女性的气质，很少再能见到着男子长袍的女性了。

2018年广东省博物馆策划了“百年时尚：香港长衫故事”展览。“长衫”一词本身就代表着服装上的男女通用，体现着民国女性自我意识觉醒，追求与男性平等的权利。将繁复的装束改为简约的旗袍，也称之为“长衫”。旗袍甚至变成了女性的普通日常装束，妇女们穿着它买菜做饭，或者上班出游。不是张爱玲所说的“刺目玫瑰红印着粉红花朵，嫩绿叶子印着深紫”，而是十分简约，常常是单色无图案、无绲边盘扣的长衫。只有在婚宴，或者比较重要的场合，女性才会定制花样繁杂的旗袍。旗袍真正是一种跨越阶级的着装，名媛淑女可以着旗袍，市井民妇也可以着旗袍，可华丽，可朴素。旗袍之美不仅是一种诗意，更是一种风俗。

从20世纪20年代至20世纪40年代末，中国旗袍风行了20多年，款式几经变化，如领子的高低、袖子的短长、开衩的高矮，使旗袍彻底摆脱了老式样，改变了中国妇女长期以来束胸裹臂的旧貌，让女性体态和曲线美充分显示出来，正适合当时的风尚，为女性解放立了一功。青布旗袍最受当时的女学生所欢迎，一时全国效仿，几乎成为20世纪20年代后期中国新女性的典型装扮。值得一提的是，当时作为领导服装潮流的摩登女郎、交际名媛、影视明星等，在旗袍式样上的标新立异，也促进了它的发展。自20世纪30年代起，旗袍几乎成了中国妇女的标准服装，民间妇女、学生、工人、达官显贵的太太，无不穿着。旗袍甚至成了交际场合和外交活动的礼服。后来，旗袍还传至国外，为他国女子效仿穿着。

20世纪30年代和20世纪40年代是旗袍的黄金时代，也是近代中国女装最为光辉灿烂的时期。当时的旗袍造型纤长，与欧洲流行的女装廓形相吻合。彼时旗袍已经完全跳出了旗女之袍的局限，完全是一个“中西合璧”的新服式了。还出现了“别裁派”的说法。旗袍的局部被西化，领、袖采用西式的处理，如用荷叶领、西式翻领、荷叶袖等，或用左右开襟的双襟。这些改革的应用虽不广泛，但表示了当时人们思想上的自由，旗袍原有的程式不再是必须遵循的。旗袍与西式外套的搭配也是“别裁派”的一个特点，这使得旗袍进入了国际服装大家族，可以与多种现代服装组合，说明它已经“国际化和现代化”了。

20世纪50年代，旗袍也有过灿烂的一瞬。这时出现的旗袍比以往增添了健康自然的气质。不妖、不媚、不纤巧、不病态，符合当时“美观大方”的标准，而且更为实用。

之后一长段时间，旗袍的发展与流行情况并不理想，甚至可以说是被“冷落”了一般。直至20世纪90年代，旗袍开始复兴。20世纪90年代，新时代女性理想形象又有所改变，高挑细长、平肩窄臀的身材为人们所向往。而作为最能衬托中国女性身材和气质的中国时装代表——旗袍，再一次吸引了人们的目光。随着传统文化重新被重视，旗袍也被视为中华民族的象征之一，不仅领导人夫人、女性外交官员在外事活动中身穿旗袍，而且在中国举办的历次大型国际会议和体育盛会中礼仪小姐的服饰也多选择旗袍。国外，也有不少设计大师以旗袍为灵感，推出了有国际风味的旗袍，甚至是中国旗袍与欧洲夜礼服结合的产物。

法国著名服装设计大师皮尔·卡丹曾说：“在我的晚装设计中，有很大一部分作品的灵感来自中国的旗袍。”

2008年北京奥运会开幕式上，瑞典女运动员出场服装选用的是中国旗袍式样。同时，超过10位各国奥运冠军要求做一件中国礼服——旗袍用于自己的婚礼。

旗袍历经百年的演进，随着人们的生活方式和审美情趣的变化，演绎出多姿多彩的样式，让人目不暇接。

一、领型变化

旗袍的领式经历了交领、矩领、直领、盘领、圆领、立领等变化。旗袍的领型花样百出，领的高度先高后低。19世纪末20世纪初，上海领风气之先，流行起“元宝领”，领高可直抵下颌，继而至耳，拢住下巴，美化了脸型。旗袍的领型由高到低，低领成为流行趋势，并慢慢向无领发展，女学生爱穿无领旗袍，因为样式新颖、俏皮，引得社会上的其他女性也纷纷效仿。

在领子的制作上，为了保证旗袍的领子硬挺，师傅会用糨糊将白布浆硬，放入领内，有些高级面料制成的旗袍，在低于领口处，会手工缝上一条刮浆白棉布，便于拆洗。

开襟方式：中国袍服从商、周开始就习惯使用开襟形式，而且大多是右衽。

旗袍衣襟的款式多种多样，包括单襟、双襟、斜襟、直襟、曲襟、琵琶襟、中长襟、如意襟、大圆襟、双圆襟等。在制作旗袍上，双襟比单襟复杂，但双襟在视觉上更显美观、高贵。

二、袖型变化

旗袍袖型主要有宽袖、窄袖、长袖、中袖、短袖或无袖等。袖型常随潮流而变化，体现了女性对美的孜孜以求。

20世纪20年代，旗袍袖子最显著的特征就是倒大袖的出现，袖长至肘部，呈喇叭状，袖口滚镶锯齿形、波浪形、线香形的边，或是衬着白色蕾丝花边。在1927年的《北洋画报》上，曾刊登了一幅时装插画，画面上的女子身穿倒大袖旗袍，腰身略宽松，面料华美。

到了20世纪三四十年代，旗袍收腰明显，展现出女性玲珑有致的曲线，袖子时而细长，长过手腕，时而短至肘部，甚至有的袖长至肩下两寸，还有一些旗袍直接省去袖子。袖子在装饰上求新求异，出现了荷叶袖、开衩袖、镶蕾丝袖等款式。

三、裙摆变化

旗袍的裙摆有宽摆、直摆、A 字摆、礼服摆、鱼尾摆、锯齿摆等。

旗袍裙摆的变化与旗袍腰身的变化有着紧密关系。清代满族女子的旗袍不分上下，一件通身，长过脚踝，腰线较高，裙摆又宽又长，遮盖了女性的曲线美。随着旗袍腰身的变窄，裙摆也变得平直。

20 世纪初期，旗袍的裙摆悄然发生了变化，透过老照片和老广告可以察觉到旗袍的裙摆变短了，鞋子甚至小腿都露在裙摆外面。

20 世纪 20 年代，上海流行起一款新式旗袍，类似无袖的马甲，罩在短袄外，后来长马甲与小短袄合成一件，长至腿部，大袖口，造型仍是直线型，腰线较低，曲线不明显，下摆至膝。

20 世纪 30 年代初，开始流行短旗袍，下摆稍过膝盖，裙摆收紧，凸显出腰部曲线。20 世纪 30 年代中期，来自欧美的高跟鞋开始与旗袍搭配，改变了旗袍的流行风尚，裙摆渐渐加长，精巧的高跟鞋更增加了旗袍的美感，使女性身材更显纤细修长。随着旗袍下摆加长，开衩也越来越高。20 世纪 30 年代后期，一些自省自觉的女子开始提倡低开衩，开衩仅到小腿，裙长也发展到了极致，盖住了双脚，裙边及地，被笑称“扫地旗袍”。

20 世纪 40 年代，抗战爆发后，各界女性投身抗日救亡运动，为了行动方便，裙摆逐渐变短，开衩也逐渐升高。战争全面爆发后，所有束缚身体的、不实用的部分均被去除。旗袍领子越低越时髦，长度缩短到及膝，小开衩，方便行动。时装的重点转移到肩部，当时的垫肩就像是一层厚厚的铠甲，平而阔，放大了女性的轮廓，相当浮夸。张爱玲曾感叹：“像一张床——简直是请人躺在上面！”还有报纸幽默地描述：“从正面望去，像是泰山玉皇顶看日出，一颗太阳浮在水平线上。”

20 世纪 80 年代，无论是在国际时装舞台，还是日常工作和生活中，旗袍以多变的姿态展现着女性美，演绎着别样的东方风情。

四、色彩

常见的大红旗袍，色彩绚丽醒目，款式别致，充分展现出中华民族悠久的历史文化，着重体现东方女性含蓄优雅的魅力。

五、图案

现代常见的旗袍织锦缎，图案多为传统的中国纹样，如双鱼、富贵花、梅花等，还有以中国水墨画手法描绘的花卉图案等。

六、款式

现代旗袍通常被划分为四大派别：海派、京派、苏派、粤派，各派旗袍的设计有其款式上的不同之处。

就袍服的演变过程看，袍服的演变史就是一部民族的融合史，文化的交融史。北朝后期流行的袍服的圆领就是受北方少数民族影响而产生的，袖子从宽松到紧窄更是少数民族服饰和汉族服饰文化相互影响的结果。衣身的宽舒到紧身适体更是受到西洋文化的影响而形成的。总体而言，中国袍服的演变就像中华民族的演变一样，是汉族不断与周边少数民族交融的结果，这是一个基本的事实，传统的袍服演变基本是以汉族主流袍服款式为主，吸收其他民族好的元素而成。而今受西方文化影响深重，本末倒置，直至基本将传统的全部丢掉了，文化的丧失对于一个民族无疑是一场重大的灾难。呼吁对传统的传承、对传统服饰的传承，无疑是每一位中国人应尽的责任，这需要民众对传统服饰文化的普及、执政者对服饰文化的重视，以及文艺知识界的倡导。

七、旗袍文化

民国文化女性的名字，总伴随着她们的旗袍照，例如宋氏三姐妹、吴健雄、吴贻芳、林巧稚、阮玲玉、周旋、张爱玲、林徽因、萧红和丁玲等。

珍贵文化遗产——苏州评弹的女演员的服装也依然是旗袍，其他传统说唱艺术如大鼓和评书等也多以旗袍作为女演员的服装。

历史悠久的香港小姐、香港华裔小姐、亚洲小姐和广州西关小姐选举中，参选者期间或最后必定会穿旗袍。

以旗袍为卖点的电视剧和电影也不断出现，比如著名的《花样年华》《色 · 戒》等。

宋美龄衣橱内的旗袍件数，大概现今的吉尼斯世界纪录无人出其右者。宋美龄的旗袍件数多，和一个勤奋的裁缝师傅有着相当密切的关联，这位裁缝师傅叫张瑞香，是一位男性裁缝师。张瑞香之所以受到宋美龄的爱护，无非是因为手工细巧、忠心耿耿。张瑞香几乎每天都在不停赶工，为宋美龄制作旗袍，他每两三天就可以做好一件旗袍，做好后，张瑞香就把新旗袍捧到宋美龄面前邀功。宋美龄一般只是大略看一眼，就命人拿到自己的衣橱里妥为保管，然后便再也没见她穿过。张瑞香除了过年除夕那天休息外，其他时间都在做衣服，而且只为宋美龄做。加上一些大小官太太们为了投其所好，送宋美龄的东西中多半有衣料，这些绫罗绸缎，就够张瑞香一年忙到头了。宋美龄的超大衣柜，便也成为世界最大的旗袍储藏室。

旗袍也是张爱玲毕生的最爱。曾经给张爱玲做过旗袍的师傅回忆："我为张爱玲做过多少件旗袍，具体数字记不清了，但每件旗袍都是'按图施工'的。如她冬天穿的旗袍，有绒夹里，领头不能太高太硬（因为她说旗袍领头高而硬，把头颈撑得笔直，坐着写作很不舒服），紧身，窄长袖，两侧开衩至膝部，外加一袭'海虎绒'大衣。春秋季喜欢穿低领、束腰带的'旗袍裙'。而她画的夏季穿旗袍样式，如'无领、短袖、衣长至膝盖'称之为'风凉旗袍'的款式，应该称之为'连衣裙'了，而且一直流行到当代。"

张爱玲是一个性格叛逆的人，她主张"衣不惊人誓不休"。在她看来，旗袍不仅要别致，更要惊人。领头要做矮，天气热要做成无领、无袖、衣长至膝盖。颜色要用红绿搭配，最好是淘奶奶辈的花布做，更能在人群中凸显出来。或用外国进口的镂空蕾丝织物，用来做"透、露、瘦"的旗袍。

张爱玲曾言："就是再没有心肝的女子说起她'去年那件织锦缎夹袍'的时候，也是一往情深的。"

王家卫也曾说过："想到此时距离旗袍盛行的三四十年代，百载未过，大街上却再也找不到一个衣裳如此花枝招展的人，不禁感叹时代善忘。"恰如旗袍，并非因为民国旗袍才美，而是旗袍令民国更动人。

京派旗袍传承人罗三裁说："世上没得哪件衣裳能换了江山容颜，哪怕仙人羽衣那也是凡夫千年清修的功德，还不得琴棋书画诗酒茶的慢慢打磨。旗袍如玉，美玉配美人，才是大善。"

那么，贯穿整个20世纪的经典服饰旗袍，在21世纪的今天又演绎出怎样的样貌呢？

第二节 旗袍的现代设计演绎

一、四斤自制

"有一天能够在大街小巷遇到穿我旗袍的女孩儿，这就是我做旗袍的意义。"

——曾四斤

四斤自制这个品牌的改良旗袍，许多新生代明星都穿过。"四斤"来自设计师兼店主的名字——曾四斤，一位95后成都女孩。

提到"旗袍"，第一印象都是花样年华，女人们富有年代感、古典高雅、婀娜多姿的模样，但是四斤觉得传统的服饰并非代表传统的风格。

在四斤的设计下，旗袍经过面料、花饰和版型的改良，增添了很多时尚新潮的元素，变成了一件件前卫又实穿的日常服饰。

四斤从大学期间开始创业，毕业之后更是满身心投入。如今，除了线上淘宝店的正常运营，她还在成

图 3-6

图 3-7

图 3-8

图 3-9

都开了一家线下体验店，欢迎各路女孩们到店里试穿。四斤说：“希望让每个女孩尝试不敢尝试的风格，不被人潮淹没。”

2018 年四斤受邀参加上海春季时装周。这也算是大众对她的设计和品牌的又一次肯定。四斤旗袍改良之路还在继续，就像她自己说的：“回归生活的艺术更加打动人心。”（图 3-6 至图 3-9）

二、密扇

古有十洲：祖洲、瀛洲、玄洲、炎洲、长洲、元洲、流洲、生洲、凤麟洲、聚窟洲。为仙人之居所，上有五芝玄涧，涧水如蜜浆，天真仙女，多游于此。密扇曾携手潮流艺术机构清河联合主理人擦主席，以中国古代传说《海内十洲记》为背景，打破时间的屏障，将东方对于天体的浪漫遐想重构，通过复古科幻的叙事再现十洲这个在中国传统神话中举足轻重的概念。（图 3-10）

米白色提花改良少女感旗袍上衣：这款上衣，版型选用经典旗袍样式，提花面料清新甜美，肩袖叠加网纱设计，仙气感满满。爱心金属盘扣设计，搭配撞色绿边，营造高街仙酷感。（图 3-11）

女侠主题单色印花旗袍裙：二次元女侠漫画元素，充满趣味和故事性，年轻潮流，搭配镂空结构及盘扣元素，趣味十足。（图 3-12）

花鸟寻仙复古摩登镂空设计感修身改良版旗袍连衣裙：结合压褶面料，旗袍领复古摩登，袖子添加网纱打底，契合当下年轻女性的审美。领子侧边绑带细节设计，打底上衣复古 20 世纪 80 年代的花形图案与色彩搭配。（图 3-13）

喜宴改良解构简约旗袍连衣裙：设计简约，上身干净利落，镂空的结构设计，似有似无的小性感。泡泡袖设计修饰肩部又提升气场，搭配玛瑙珠链设计，细节精致且个性。（图 3-14）

2021“嘉珑”春夏系列：密扇以“嘉珑”这兼具神秘气质与传承精神的藏族文化意向为灵感，结合雪域高原非遗手工“贵南藏绣”，于上海时装周上演一场古今文化交融之潮流实验。这一季的故事将目光投掷到比往季更远的青海贵南雪域高原，将非遗手工“贵南藏绣”展示到我们眼前。（图 3-15、图 3-16）

三、拉飞姆

拉飞姆“SERIES INTRODUCTION”系列：1994 年，上海。卡带中播着《梦中人》，大银幕上放着《阳光灿烂的日子》，那是一段四溢着青春与幻想的黄金岁月。翡翠台的星光熠熠，挂历美人的醉人心神，启蒙着少女们最初的明星梦，促使她们追寻着那一束专属于自己的追光灯。快门、闪光，一张张菲林记录了属于她们的豆蔻年华。拉飞姆 2021 春季系列，追梦流金岁月，再现星光 1994。（图 3-17 至图 3-21）

图 3-10

图 3-11

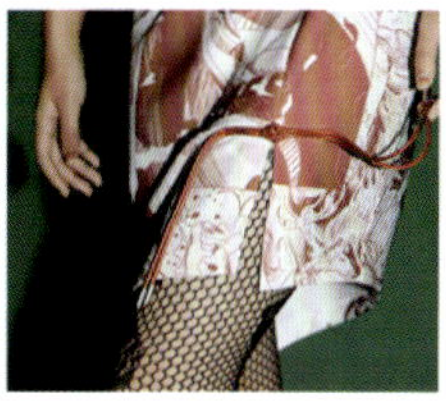

- 潮流当代、充满故事与趣味的印花
- 不规则下摆，复古时髦

图 3-12

图 3-13

图 3-14

图 3-15

图 3-16

图 3-17

图 3-18

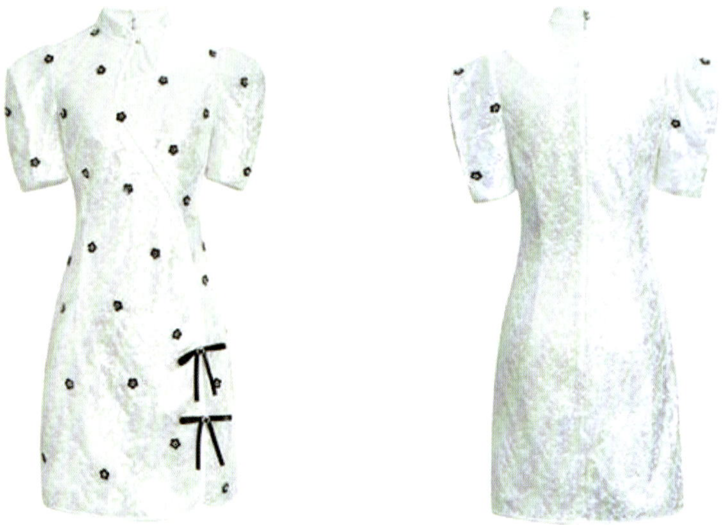

图 3-19

图 3-20

图 3-21

第四章
国风配饰之美

第一节　国风服装细节——纽扣之美

盘扣也称为盘纽，或者纽结、纽袢。是中国传统服装中使用的一种纽扣，用来固定衣襟或者装饰。（图 4-1）

从留存下来的古代文物看，盘扣既有用于女服的，也有用于男服的。盘扣最初用来束缚宽松的衣服，之后，它的作用也在中国服饰的演变中逐渐改变，不仅仅有连接衣襟的功能，更成为装饰服装的点睛之笔，生动地表现着服饰重意蕴、重内涵、重主题的装饰趣味。（图 4-2 至图 4-8）

各个历史时期的盘扣式样也各不相同。（图 4-9）

近些年，盘扣因旗袍与唐装的再次出现又风靡一时。常常可见各种长袖盘扣、短袖盘扣、对襟盘扣、斜襟盘扣，就连后开衩的直筒连衣裙上也缀上了几颗盘扣，恰似一只只欲飞未飞的蜻蜓。

图 4-1

图 4-2

图 4-3

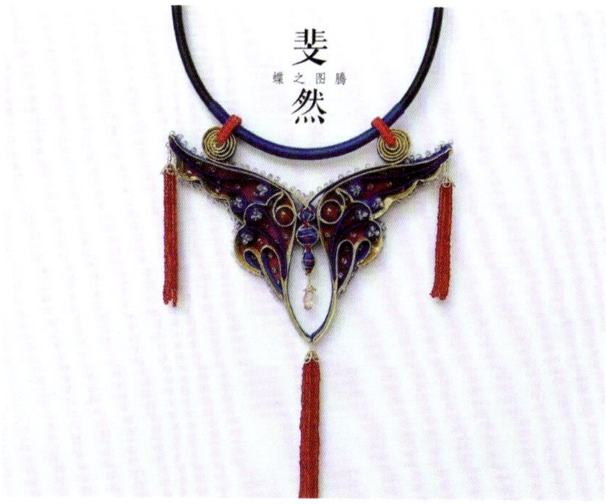

图 4-4

图 4-5

图 4-6

图 4-8

图 4-7

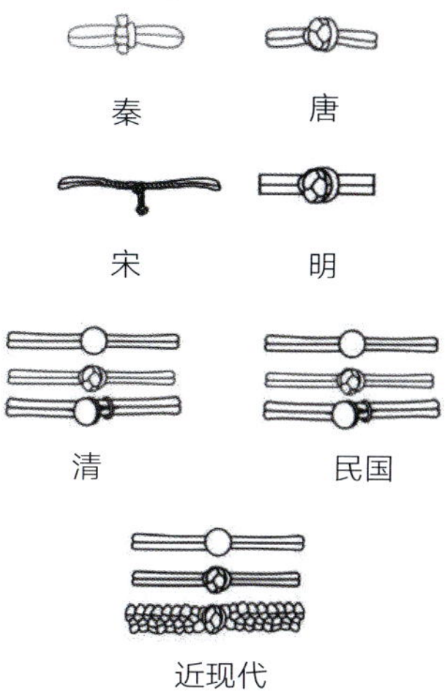

图 4-9

盘扣的组成部分一般为扣结、扣门和扣花。盘扣的材料繁多，有绸、缎布、棉麻布、各种质地的绳等。

盘扣的扣子是用称为“袢条”的折叠缝纫的布料细条编织而成，这和现代用整块硬质材料打洞而成的纽扣不一样，如布料细薄可以内衬棉纱线，做装饰花扣的袢条一般内衬金属丝，以便于定型。

盘扣通常为手工制作而成。盘扣虽小，其工艺却极其繁复，一枚手工盘扣要经过开料、刮浆、风干、拔浆、开条、烫条、盘扎、塞芯、封烫、修复、装裱等二十多道工序，每道工序都含着手工匠人细腻的用心和耐心。

盘扣的样式、花式丰富，有对称的，也有不对称的，具有浓郁的民族情趣和吉祥意义。（图 4-10）

有仿于自然花木的树枝扣、菊花扣、树叶扣等；

有形似鱼虫鸟兽的燕子扣、蝴蝶扣、金鱼扣等；

也有吉祥寓意字符的吉字扣、福字扣、寿字扣等；

还有几何图形的一字扣、波形扣、三角形扣等。

盘扣缀在不同款式的服装上也表达着不同的衣饰语言。立领配盘扣，氤氲着张爱玲时代的蕴藉和典雅；低领配盘扣，洋溢着 20 世纪 90 年代都市女性的浪漫和娇俏；短坎长裙中间密密地缀一排平行盘扣，于端丽之中见美感；斜襟短衫缀上几对似花非花的缠丝盘扣，于古雅之中见清纯。

张爱玲曾说过：“细节往往是和美畅快，引人入胜的。”这些富有吉祥寓意的中式盘扣不仅是美的形式，更是人们对美好生活的寄托。（图 4-11 至图 4-18）

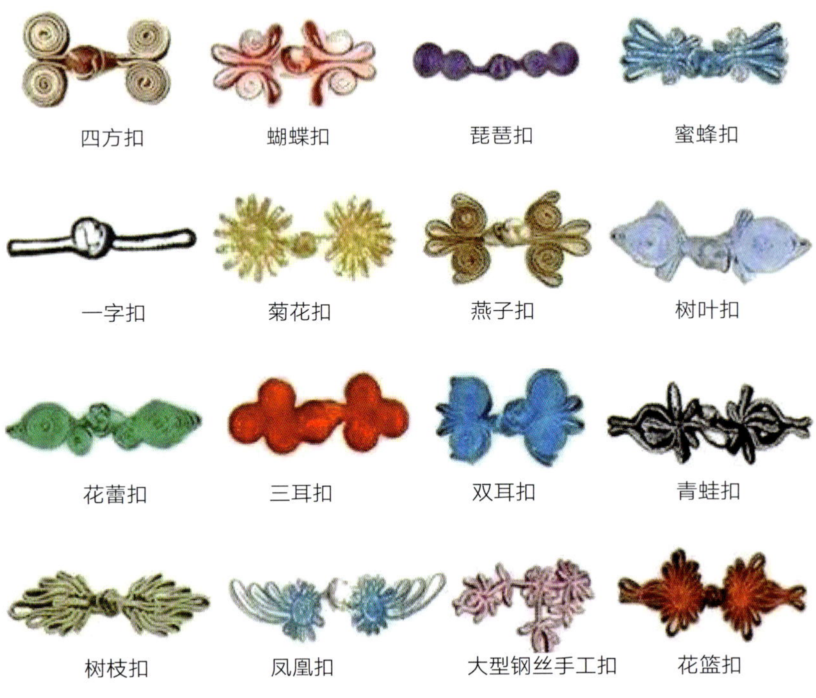

图 4-10

图 4-11

图 4-12

图 4-13

图 4-14

图 4-15

图 4-16

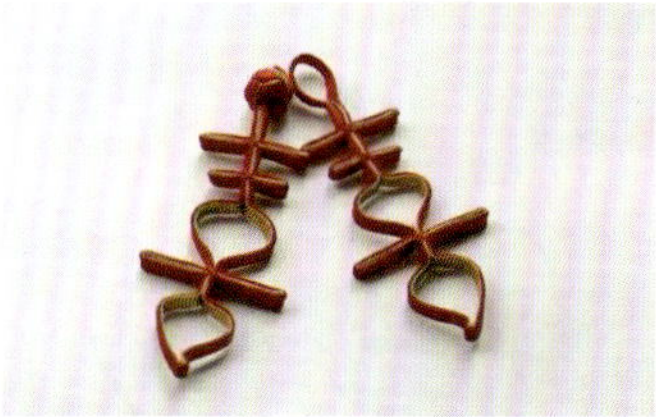

图 4-17

图 4-18

图 4-19

盘扣的设计，犹如中山领的设计一样，独具中国韵味。所以很多的服装设计师为了在某件衣服上突出中国韵味，很有可能会选择盘扣。盘扣多使用在旗袍上，但是在一些运动装或者休闲装上使用盘扣，不仅能增加衣服的正式感，还能在造型上显得更为别致。（图 4-19 至图 4-24）

图 4-20

图 4-21

图 4-22

图 4-23

图 4-24

除了盘扣之外，中国古代纽扣还有很多种，如币式扣、粒式扣、子母扣等。

币式扣是从明代开始兴起的一种扣子。它被广泛使用在罩甲、比甲（罩甲与比甲均指无袖的背心）或竖领上。不过它最初的形态可能更接近另一种形式的子母扣，即一个套环加一个圆扣。（图 4-25 至图 4-27）

粒式扣出现的时间应该比许多扣子都要早得多，早在唐代，在圆领袍上就可以很清晰地看到侧襟上粒式扣的痕迹。这种扣子在清代得到了很大的发挥，可以固定在鞭式扣的顶部，同时也可以装饰衣服。材质有金、银、铜、玻璃、珍珠、宝石等，在马褂长袍上十分常见，一直使用到民国。民国时期女性在衫袄及旗袍上也会用到粒式扣。（图 4-28 至图 4-30）

图 4-25

图 4-28

图 4-29

图 4-26

图 4-30

图 4-27

图 4-31

子母扣也称为公母扣、揿扣、啪钮等，每个地区叫法都有所不同。子母扣是指公母两件扣合，一部分称为子扣，中间突出一个圆点；一部分称为母扣，中间有一个孔位凹点。子母扣形成的缘由有点莫衷一是，它本是在明代突然大量涌现的一种扣子，在材质上先是尚金银，奢华者还镶嵌宝石珠玉。到了明代后期，人们开始崇尚更加素雅的审美，因此玉扣开始流行。子母扣不仅使用在外衣上，也用在女性的内衣里。对古人而言，在天热的时候，女性从单薄的衣服中隐约露出灿灿生辉的一排金纽子是一种强烈的视觉冲击。（图 4-31 至图 4-33）

图 4-32

盘扣在国潮服饰中的灵活运用与夸张表现

密扇“喜”系列黑色改良流苏短款唐装：这款唐装，选用西装面料，版型做了改良，修身短款设计，更显时髦。对襟手工盘扣点缀流苏装饰，复古小泡泡袖设计修饰肩型，上身穿搭立显国潮时髦。（图 4-34）

这款经典的三开身西装，版型收腰显瘦，对身材包容度高。斜纹西装面料进行烫银处理，若隐若现的光泽增添了华丽感。袖口拼接高品质的黑白条纹面料，腰

图 4-33

图 4-34

图 4-35

间独特的爱心盘扣设计演绎出当代时髦感，与流苏的结合更增添了服装的灵动感。（图 4-35）

密扇“花鸟寻仙”灵感源自明代文学家王世贞的《列仙全传》。古代传说中，往来于人间与仙界的美丽生灵“青鸟”，被视为仙家信使，当它与女性联系在一起，便有了“寻仙”的美好寓意。本服装使用流苏、盘扣元素，以当代设计重新打造东方时尚的仙美气质，将沉睡于古典神话中的美丽愿望再次唤醒。（图 4-36）

乌丫：熊猫盘扣让外套显得俏皮可爱（图 4-37），经典蝴蝶结扣增加了服装的趣味性（图 4-38）。

图 4-36

图 4-37

图 4-38

图 4-39

新中式手工盘扣外套：斜门襟，夸张的未完成状态的手工盘扣，只有领口处是活扣，下面的盘扣都只是起装饰作用，这样的设计让外套时髦感十足。（图 4-39）

第二节 独特的中国服装配饰——旗袍压襟

说到旗袍，必须来聊聊与它相配的装饰——压襟。压襟是古代女子挂在胸前的配饰，古代女子在节日或重大场合会把压襟戴在衣襟右上方，起到装饰、美化和固定衣襟的作用。压襟不仅可以佩戴在旗袍上，也可以佩戴在汉服等有衣襟的服装上作为装饰。其一般为纯手工制作。小小的压襟，对个人的审美素养和技艺的掌握有一定的要求。从设计图样，到颜色搭配，再到制作成型，每一步都要有自己的想法和技术。而这就是国风配饰的独特装饰之美。（图 4-40 至图 4-48）

图 4-40

图 4-41

图 4-42

图 4-43

图 4-44

图 4-45

图 4-46

图 4-47

第三节 燕京八绝与时尚装饰配饰

盖娅传说 2020 春夏系列大秀“戏韵 · 梦浮生”中，燕京八绝带来多件宫廷艺术精品以及采用金漆镶嵌彩绘等工艺创作的“高定跨界时尚女包系列”，与盖娅传说共同演绎古典传统文化与当今时尚的完美融合，打造了典雅、端庄、大气的新时代东方美学。在盖娅传说的设计中，透露着京派的宫廷传统手工艺燕京八绝的精湛技艺。何为“燕京八绝”？即萌芽燕赵，奠基辽金，繁荣明清的宫廷手工艺。（图 4–49、图 4–50）

北京人文环境得天独厚，有三千多年的建城史和八百多年的建都史，历史上人文荟萃，工匠云集。明朝时期，为满足庞大统治集团的生活需要，陆续设置了管理宫内事务和为宫廷服务的十二监、四司、八局，统称二十四衙门。其中御用监专职造办宫廷生活用具。清王朝解体后，造

图 4-48

图 4-49

图 4-50

办处的工匠流落民间，逐渐形成的以金漆镶嵌、花丝镶嵌、景泰蓝、牙雕、玉雕、雕漆、京绣、宫毯为代表的八大绝技，史称为“燕京八绝”。它们都充分汲取了各地民间工艺的精华，开创了中华传统工艺新的高峰，现八项绝技均已被列入国家级非物质文化遗产名录。

北京燕京八绝文化发展有限公司是由燕京八绝传承单位、国家级非物质文化遗产传承人和工艺美术大师共同筹组成立的一家旨在抢救、挖掘、传承、发展国粹燕京八绝的文化创意型企业。2010 年，公司于北京石景山区的千年古刹承恩寺建成了“北京燕京八绝艺术馆”，并将其打造成为展示中华优秀传统文化、国家级非物质文化遗产的高端展示平台。2015 年至今，为了弘扬中华优秀传统文化、加强非物质文化遗产保护，北京燕京八绝协会举办了包括“燕京八绝宫廷艺术精品巡展”“燕京八绝承恩文化传习大讲堂”“燕京八绝传承大师技艺展演”“燕京八绝国际交流周”“燕京八绝非遗文化校园行”等丰富多彩的主题文化交流活动，取得了良好的社会效益。

“漆 · 源”女包系列是盖娅传说与燕京八绝跨界合作款包包，由清宫造办处第六代传人、国家级非物质文化遗产金漆镶嵌髹饰技艺代表性传承人柏群领衔设计，北京市工艺美术金漆镶嵌大师敖明监制，采用金漆镶嵌皇家精湛技艺，镶嵌温润之玉、绚丽螺钿，彩绘祥瑞之物，以点睛之笔呈现于时尚女包之上，完美演绎国粹技艺之跨界创新，点亮国际秀场。

盖娅传说与燕京八绝合作款“皇室工艺”包包，终于在巴黎时装周亮相，向世界展示了中国传统工艺文化。其以经典的黑、白、金色为主色调，体现出满满的高级感，演绎出端庄优雅的中式风格，无论是摆拍还是日常使用，都能展示出使用者的大气优雅与古典气质。（图 4–51 至图 4–57）

图 4-54

图 4-55

图 4-56

图 4-51

图 4-52

图 4-53

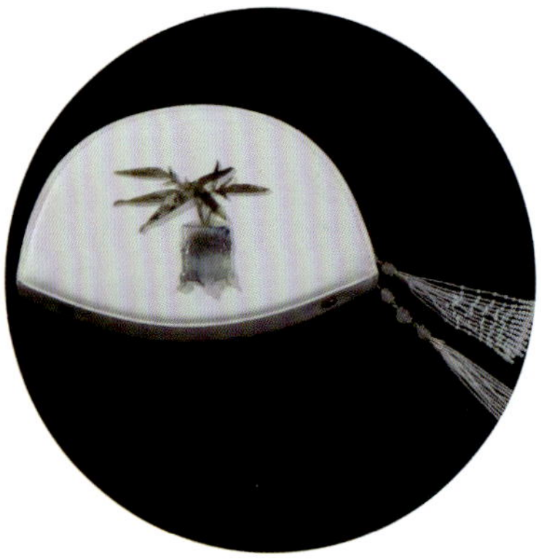

图 4-57

图 4-58

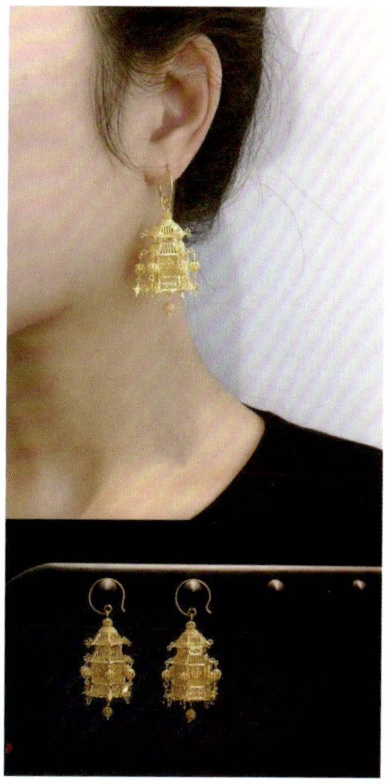

图 4-59

第四节 中国的高级定制首饰工艺——花丝镶嵌

“细金工艺”又称“累丝工艺”，是一门传承久远的皇家御用工艺，现代称之为“花丝镶嵌”。花丝镶嵌工艺起源于春秋战国时期的金银错工艺，在明代达到高超的艺术水平。尤以编织、堆垒技法见长，而且还常用点翠工艺，取得金碧辉煌的效果。花丝镶嵌工艺以北京最精。花丝也称拔丝，选用金、银、铜为原料，采用掐、填、攒、焊、编织、堆垒等传统技法。镶嵌以挫、锼、捶、闷、打、崩、挤、镶等技法，将金属片做成托和爪子型凹槽，再镶嵌珍珠、宝石。如果说花丝镶嵌的精髓在花丝，那么镶嵌则是为花丝产品锦上添花。由于用料珍奇，工艺繁复，花丝镶嵌历史上一向是皇家的御用工艺。制作花丝镶嵌饰品，要经过制胎造型、花丝成型、烧焊、咬酸（酸洗）等程序后成为半成品，再做烧蓝或镀金银等表面处理，最后还要镶嵌宝石或点翠方能整体完成。

花丝镶嵌工艺在 2008 年 6 月被列入中国非物质文化遗产名录。数千年来，其不仅编出了精致美妙的艺术品，更编出了中国千百年来灿烂、华美的艺术史。（图 4–58 至图 4–61）

图 4-60

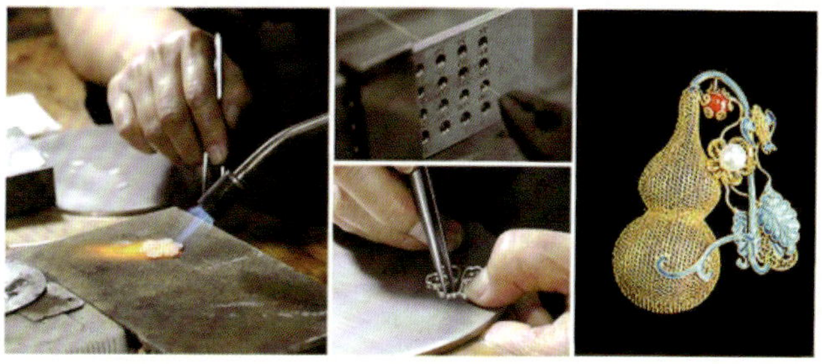

图 4-61

第五章
国风潮牌“潮”在哪里？

第一节　中国现代女性着装所体现的“独立之思想与自由之精神”

国风潮牌的出现，意味着中国现代女性着装审美打破了主导时尚界100多年之久的西方审美，打破了现代社会以西方为主导的价值观、文化理念和艺术审美观念。

五四新文化运动以来，西学东渐，中国社会急于从封建帝制转型到现代文明社会，于是大量地吸收西方思想，学习西方文化，包括西方化的生活方式、礼仪和时尚。

“潮”的另一个意思就是“时髦”。有“十里洋场，衣冠世界”之称的上海，早在宣统年间已引领着中国服装的新潮流了。“时髦”这一词汇，亦是兴起于晚清时期的上海，最早见于1897年《申报》，初时只应用于服装新潮流上，后来，但凡标新立异、变换花样的事物和生活方式，上海人都唤作“时髦”了。可见，从晚清到民国时期，以上海为引领，中国人就开始追求西方审美为主的“潮”和“时髦”了。而新中国成立之后，随着1978年开始的改革开放，中国人更加广泛和全面地接受西方思想文化和潮流审美，穿着上是以西方文化审美为导向的，可以说是西式风格的模仿。似乎西方的就是潮流的，时尚的。

然而不知道大家是不是有这样的感受：很多东亚女星穿西方奢牌，总会显得不那么好看。一身时尚名牌，不仅没有为她们的气质加分，反而感觉人被衣服禁锢了起来，给人不伦不类的观感。或许对大多数明星来说，有时候还不如穿百来块的基本款来得舒爽自如，大气惊艳。针对这种情况，人们普遍会用“超模与明星有别”来解释，尝试得出只有超模能把衣服穿时髦这个结论。但是问得再深入一点，比如这个区别究竟在哪里呢？人们又会变得支支吾吾起来。很多人会说是身高，可凯特·莫斯和戴文·青木都是170cm以下呀。也有人说是身材，但要论扁瘦纤细，娱乐圈几乎人人如此，可不好看还是不好看。那么问题究竟出在哪里呢？琢磨了很多时尚偶像和超模之后，笔者发现答案主要在于文化背景不同，东亚人和欧洲人对时髦的内涵的理解存在着巨大的分歧，双方在服装审美上体现出的品位差异，很大程度上是因为欧美服装美学根本就不适合大多数东亚人。

时髦和时装经典美学，是欧洲审美传统的现代产物，它建立在欧洲人的身体特征、文化背景和心理需要上。比如欧洲自古希腊以来，就崇尚窄衣审美。展示和修饰人体线条，是设计服装时要重点考虑的部分。欧洲的旅居文明背景，也要求服装具有一定的轻便性。但对东亚人来说，我们自古就崇尚直线条、宽轮廓、隐藏绝大部分身体线条的宽衣审美。另外，安土重迁的我们，最先考虑的也是服装庄重典雅、“合乎礼仪”的特质，而非能够撒腿就跑的轻便性。所以我们能看到，同样是内衣，欧洲人发明出来的是鱼骨束腰，而我们是宽松许多的肚兜。当康熙穿着长袍马褂的时候，与他通信的太阳王路易十四，穿的是高腰长裤。

在过去的两个世纪里，欧洲的服装美学，随着发达的科技和坚船利炮，横扫了全世界，导致全世界的人都主动或被动地穿得像个简约有力、生气勃勃、代表现代文明的欧洲人。所以直到今天，当我们谈论所谓时装美学时，谈的其实是在欧洲审美传统中，发展出来的现代时装美学，它与中国的服装传统几乎毫无关系。因此，不合穿、别扭，在一些情境下也就变成了必然会出现的情况。比如风很大但是又被大规模抱怨“实在穿不下”的BM风。大家查一下维基百科就会发现，BM的产品研究团队其实是由一群15岁以下的欧美少女组成的。所以她们的目标客户也是15岁上下的白人和黑人！由于人种差异，白人和黑人的发育速度很快，那个年龄段的她们，在四肢纤长的基础上，还没有发胖。所以轻盈贴身的BM风，非常适合她们。但是对于黄种人，我们中的大多数，基因本来就没有给予我们兼顾纤细修长的四肢和窄窄的身体。所以在欧美广泛适用的BM风，在东亚，纵观整个年龄段，除了少儿，也就只有极少数人能够驾驭。更何况，15岁上下的黄人少女普遍都在发胖!

欧洲主流奢牌服装的两个体系，一个是由法国人主导的时髦美学，它的基础在于解放身体，削弱服装的性别差异，彰显脱离了上帝的人的自由，以及具有思辨气质的文化品位，适合现代生活快节奏的需求，具有易于制作、穿着，且注重个人风格的特点。比起古典时代基于视觉的“和谐美”标准，它更重视造型的文化和精神属性。因此很多法国奢牌，都喜欢请哲学家当设计顾问。所以当我们翻开《巴黎女人的时尚经》这类造型指南书籍，会发现里面并没有像日本时尚杂志那样，事无巨细地教我们如何配色、搭配材质及妆容等，而是把更多内容放在了“你该怎样看待和对待自己的身体，怎样面对造型这件事”等问题上。这种看待服装造型的方式，对于从古代一步跨越到现代的东亚人来说，无疑是很难理解并运用的。所以我们可以发现，“stylish”（有风格）是欧洲人评价明星和超模造型水平的重点。欧洲时装界甚至会专门把一类人叫作“Style Icon”，比如伊娜·德拉弗拉桑热。“时髦”在大家心里，通常对标的是另类、奇特，视觉表现力很强，而非法国人定义的“都市感、新奇、反叛、矛盾、优雅、慈爱、有教养”等。欧洲奢牌的另一个体系，是由意大利人主导的欧洲服饰经典美学，它的特点是普遍具有复古质感，庄重、典雅，融合着穷奢极欲的天主教装饰美学。这个体系因为其更依赖古典视觉和谐美的标准，从而比较容易被缺乏欧洲文化背景和思想传统的东亚人理解。但对于现代的法国系奢牌来说，我们却总有一种“它什么意思啊”的困惑。法国女明星闲散轻盈的红毯造型，也让我们怀疑“真能这么随便吗”，所以从审美环境出发，我们的女明星或者上流阶层相比于法国系云淡风轻的“时髦”，更喜欢也更懂得驾驭意大利系的“美”。而当她们带着“美”的目的，去穿以“时髦”为设计目标的欧洲奢牌时，一些“衣穿人”“灵魂与造型分离”的悲剧就出现了。她们战战兢兢生怕自己不够美的样子，让她们显得格外土。因为土气的对立面从来都不是美，而是时髦所崇尚的“我穿我自己”的潇洒。气质的独特，根本上还是因为头脑和为人处世的独特。所以我们看张爱玲的老照片，总会觉得她很时髦，根本不像是太奶奶辈的。抛开法国人定义的“时髦”和意大利人定义的“美”，东亚人在奢侈品级的服装美学上还能选择什么？答案是由三宅一生、山本耀司、川久保玲等所创造的，符合东亚人身体和文化偏好的时装美学。东亚人的身体相比于大面积裸露，更适合于包裹；相比于人工的繁复，我们更崇尚自然和简约。日本设计师的设计把东亚人和他们的文化背景、相对谦和沉静的气质形象联系在一起，让造型美感蔓延得更远也更深。

民族多元、领土辽阔的中国，除了与日本共通的审美趣味之外，还广泛存在着其他部分。这些为中国审美所独有的部分，才真正蕴含着中式现代服装美学的未来。它们或许就隐藏在最近几年的国潮复兴、汉服改良以及对少数民族服饰的探索之中。

可见，能充分衬托我们的造型美学，永远都不会独立于我们的思想观念和文化背景而存在。这个问题，在21世纪的今天，得到了很好的解答。“国风潮牌”的出现，打破了20世纪垄断中国时尚界的西方审美，预示着真正属于中国年轻一代的潮范儿时尚观念的出现。“潮范儿中国风”是以一群80后年轻设计师为主导的，在21世纪之初，借助淘宝、天猫这些便利的网络销售平台出现的融会东西方审美于一体，古今相结合，将中式古典元素重组和解构，以全新面貌出现的古灵精怪的时尚设计，灵感多源于传统中式文化艺术和思想。古典的诗词歌赋、神话传说、思想观念丰富多彩，以衣为媒，发散出从未有过的魅力。可见中国新生代的服装设计师、图案设计师、版型和工艺设计师们为此付出的努力。这些服装，大大地满足了中国现代年轻人追求时髦、潮范儿和中国本土文化的诉求，是真正的“中国时尚”，也是可以与西方设计理念相抗衡和媲美的全新思想观念和审美理念。他们给中国以及西方的年轻人在时尚方面的多元化的选择，也将中国古典传统文化巧妙地融入时尚审美之中。

“国风潮牌”的出现意味着中国现代女性着装审美打破了主导时尚界100年的西方审美，打破了现代社会以西方为主导的价值观、文化理念和艺术审美观念。

第二节 女为悦己而容

打破“女为悦己者容”的思想观念，是中国现当代社会女权主义思想的体现，其也是打破男权社会对女人的固有定义和定位的体现。

“女为悦己者容”出自《战国策·赵策一》，是男权社会的思想产物。现代社会，不乏女为悦己者容，但也出现了不少“女为悦己而容”。即女性的穿衣打扮，不再顾及男性的审美，这也是现代中国社会女性地位提升、男女平等的象征。你喜欢不重要，重要的是“我”自己喜欢。穿衣打扮是为取悦自己而不为别的。因为现代社会的单位越来越由家庭转变为个人，多元化的社会，婚姻不是必须，同时恋爱也不是必须，重要的不是别人爱不爱“我”，而是自己爱不爱自己。“我”每天变换花样穿，仅仅为了取悦“我”自己，因为“我”希望每天看到不同的自己。这是中国现代女性自我意识提升的体现。国风潮牌的出现，恰恰是这一思想的转变的证明。国风潮牌结合了东西方文化思想，将中国传统着装中重“礼”的成分去除，只保留浪漫幻想的东方文化格调，结合西方审美的现代率真，以“自我欣赏”为价值观，不再将穿衣打扮作为女性取悦男性的手段，而是为了自己的心理需要而穿。所以服装版型洒脱不羁，图案色彩绚丽夸张，只为向自己展示一个具有无限可能性的自我，而不去过多考虑别人是否接受，更不是为了取悦异性。国风潮牌是现代中国年轻人真正立足于自己本民族文化的时尚，满足了现代年轻中国女性对文化复归、自我价值彰显的心理需求。女性的穿衣打扮只为表达自我，没有其他目的，这也可以看作是中国现代女性女权思想的一种表现方式。

艾莎·朗格曾经说衣服让女人觉得性感。那性感又是什么呢？看起来性感和感到性感，是有区别的。看起来性感，是能刺激别人的欲望；而感到性感，则是对衣服里面肌肤的自信。为自己打扮的女人不会为男人打扮。正如有人说，男人眼中的女人就是一个模糊的粉色轮廓，大多男人都不会关注女人的穿着。既然男人不关注女人穿什么，那么女性的穿衣就是为取悦自己。我们之所以要选择着装，原因是多方面的：1. 衣服的实用性（户外工作时穿旧牛仔裤，冷天穿保暖的毛衣，天热了就穿裙子和T恤）；2. 因为我们在特定场合要遵循一定的着装要求（婚礼时要穿礼服，商业谈判要穿正装或者商务休闲装，如果你是女警察，就要穿制服）；3. 因为我们热衷时尚（必须要穿当季的，而不是上季度的）；4. 掩盖身体缺陷，突出身体优势（没有腰身、美腿）；5. 因为舒服（一条弹性腰带）。但性感也是女人着装的重要因素，此“性感”并非是对异性的刻意吸引，而是对自我的肯定和欣赏。薇薇安·韦斯特伍德说女人着装就是为了性感，不性感的衣服没有穿着的意义。倘若没有某种难以名状的性感，女人不会完全自我感觉良好。保罗·波烈把女装设计师的创作比作画家的艺术创作：为你量身打造的一套时装，神似你本人的肖像。衣服对我们来说太重要了，对绝大多数人来说，着装不同，整体感觉也会迥异，正所谓“人靠衣装马靠鞍”，衣服似乎有塑造身形甚至提升灵魂的魔力。衣服就像文本，像叙述，像故事——关乎我们生活的故事。如果你把自己一生所有的衣服聚集到一起，每只婴儿鞋、每件棉衣以及婚纱等，那么你就组成了一部自传。服装，自古以来就为人们所熟知，它们穿越了时空，伴随我们来到当下。

第三节 对传统文化的主动性、选择式复归

国风潮牌是一群接受过国内外优秀文化、艺术教育熏陶的新生代设计师们创造的，这些80后、90后的设计师们，与五四新文化运动的先锋前卫派的年轻人一样，追求社会思想的进步。不同的是，清末民初的年轻人们，以西方文化为先进文化，以向西方学习为主。而当今的年轻人们，逐渐发现了本土文化的重要意义和价值，回归本土，弘扬民族文化，继承传统，成了现代中国年轻一代的时髦追求。

尽管有汉服的复兴，但国风潮牌并非对传统文化的全盘接收和复归，而是在传统文化基础上的创造和创新。传统文化是“根”，在这一基础上，结合现代审美观念，可以创造出全新的潮范儿中国风，适应中国以及热爱中国文化的国外年轻消费者的审美诉求。国风潮牌就是中国的“朋克”，以中国传统文化审美的复苏来反对西方主导的时尚审美观念和文化思想理念，带着叛逆，打破百年来现代中国的主流审美认同与生活方式选择，对中国传统文化有选择的继承，赋予中国现代年轻人时尚的活力与个性魅力，引导了一种新的文化倾向和生活方式选择，代表着中国现代年

轻一代的文化复归和自我意识觉醒。

第四节 中国传统文化元素在西方服饰设计中的呈现

近代以来，东方一直以西式服装为美，如今，时装周兴起了中国风。谁说中国古典美不能融入时尚？龙纹刺绣、牡丹印花、锦鲤图案等东方元素被大量地运用在服饰上，令时尚界耳目一新。其实早在20多年前，就已经有一位堪称鬼才的设计大师，将中国风玩转得淋漓尽致了。迪奥1997年春夏高定系列，约翰·加利亚诺婉约中透着古意的旗袍设计，既内敛又张扬，将中国旗袍的雍容华贵与女子曼妙的身材结合，创造出一幕无与伦比的风景。迪奥1999年春夏成衣系列，中华精美绝伦的瓷器，在服装设计中大放异彩。还有以性感和狂野为品牌风格的意大利时尚品牌古驰也曾在服装图案设计中运用中国元素。法国20世纪70年代兴起东方风潮，设计师圣·罗兰曾以中国清朝服饰为灵感进行设计。中国元素在西方服装设计界的运用屡见不鲜，使时尚界为之着迷。

2004年秋冬，圣·罗兰的秀场是充满中国特色的秀场，艳红色空间，中国京剧吊嗓……无数的中国元素糅合出一场中国味十足的视听盛宴。颜色鲜艳的立领垫肩缎质套装，大量运用具有中国特色的龙纹云纹图腾，展现出极度奢华亮丽的中国风情。

2016年春夏，路易·威登的中国风仙鹤图案使人过目难忘。

无数的国外品牌的发展与变迁中，不忘的始终有那一抹东方色彩，西方设计师们对东方文化的期待与想象加之西方人对服饰独特的理解，幻化成色彩斑斓且奢华的衣裳。从他们的视角，看待我们自己的文化，更能发现民族元素所蕴含的独特魅力。（图5-1）

比利时时装品牌德赖斯·范诺顿是其中极具特色的代表，它于1986年创建，是一个以怀旧、民俗、色彩与层次感设计闻名的服装品牌。

印花和细节处理是德赖斯·范诺顿设计的着眼点，设计师对东方元素，特别是中国元素的喜爱体现在他斑斓的作品上。

龙是中国古代传说中的动物，古人认为龙是祥瑞、至尊至贵的代表。龙纹在德赖斯·范诺顿的秀场中非常活跃。

譬如2012年德赖斯·范诺顿秋冬季女装系列中，直接运用帝王的龙袍局部，利用细碎剪裁再拼接的形式，选择不规则的布块拼接在长裙的视觉中心位置，在军绿色的映衬下，以黄色为主色调的花色抢眼、醒目。长裙的腰间设计有黑色腰带，与袖口的黑边相互映衬，使整体和谐统一。

2013年德赖斯·范诺顿秋冬女装使用龙纹的另一代表是将龙纹运用在裤子上，搭配上身军绿色毛呢大衣，使整套搭配有亮点也不至于过分花俏。

2015年德赖斯·范诺顿再次锁定龙纹元素，将蛟龙图案绣在了夹克、T恤、连衣裙上。与2013年使用龙纹元素明显不同的是在领口和胸口周围，运用19世纪中国屏风上的传统金龙图案作装饰，左右对称。

与之前龙纹大面积的运用不同，2015年秋冬系列主要是将龙纹小面积的局部使用，呈现的方式也是中国传统的刺绣，运用方式则完全突破了中式的排列，并以具有肌理感的面料来呈现，展现了别具一格的中国风。

图5-1

图 5-2

德赖斯·范诺顿的设计虽然元素是来自东方，但线条的走向还是带着浓重的现代气息。东方文化的精髓却有着西方理念的廓形，展现出了不一样的效果。

2012 年德赖斯·范诺顿秋冬系列中，将云纹运用在细节上，利落的暗色外套与修身长裤诠释了现代感装扮。连续使用的云纹图案表现在丝缎上，轻盈的面料传达出利落的质感。

2015 年德赖斯·范诺顿将云纹作为大衣的主打花色，采用分割、拼接等手法以及极简廓形，复古又时尚，创造出了浪漫的华丽衣裳。

德赖斯·范诺顿在面料的选择上，不仅仅局限在丝缎，锦缎、毛呢、针织、棉布都成为云纹图案的载体，不同的面料与云纹图案相碰撞，产生出了不同的风格情境。（图 5-2）

颜色上，主要以适宜秋冬的暗色系（如深蓝、枣红、赭土）以及经典的黑白色系为主。冷静、利落的外套拼搭上戏剧性的立体补绣长裙和夸张鲜艳的花朵项链，虽然有着简洁的设计，但丰富的层次花色还是赋予了时装华丽奇幻的效果。

著名服装设计大师约翰·加利亚诺在他的以中国旗袍为设计主题的“海上花”系列里对中国旗袍的理解和诠释（图 5-3、图 5-4）：在大牌设计师里，约翰·加利亚诺绝对算得上是一个中国迷。1997 年，迪奥秀场上那些穿着“改良版旗袍”的模特儿们，即使放在现在也都是行走的时髦。

古驰设计中对中国风的理解（图 5-5 至图 5-9）：自从亚力山卓·米开理掌管古驰以来，古驰的秀场上中国风就从未缺席过。中国风元素中最常见的盘扣设计，在古驰男女装系列中多次出现过。在古驰的秀场上还可以见到撑着油纸伞的时髦姑娘和戴着铜锁的小伙子。把这些衣服放在一起，仿佛就是一本“中国传统纹样”画集。

图 5-3

图 5-4

图 5-5

图 5-6

图 5-7

图 5-8

图 5-9

第五节　中国现代时尚的艰难探索与自我认知

一、中国现代时尚艰难探索的一百年

什么是时尚？这似乎众所周知，但又很难明确表达。于国人而言，时尚一词是“舶来品”，是西方现代的概念。时尚与时装密不可分，时装是时尚的主体部分。而时装这个概念通常被视作西方社会所特有，起源于 14 世纪的欧洲宫廷。彼时，欧洲商业经济发展，资本主义开始萌芽，新兴市民阶级地位提高。可以说“宫廷与商业的结合带来了现代时尚产业的诞生”。

西方现代社会通常被认为是伴随着工业革命的产生，人类社会从农业和手工业生产进入机械化生产之后形成的社会形态，时装设计师概念的提出也是在这个时候，其是指从手工艺人和工匠的概念中脱离出来，社会地位得到空前提高的为社会上层人士提供时装设计服务的人。

因此，现代时尚是伴随着西方国家进入现代社会开始的。而当时的中国，“现代”这个概念从社会形态上来讲还不明确，现代时尚就更无从谈起。但从时间上来说，随着与西方国家从近代到现代的不断交流，这种交流形式无论是被动的还是主动的，我们毕竟接触到了西方的哲学思想和审美观念，并一定程度上认同了一部分西方的生活方式。西学东渐，学的不仅是西方的哲学、科技，也包括审美。从 1911 年的辛亥革命到 1935 年抗战前夕，中国社会经历了巨大变革，对当时的妇女服饰产生了巨大的冲击，使得这个时期的妇女服饰就好像是一出漫溢喜怒哀乐的通俗剧，包含了“梦想”——截发男装，渴求取得与男性一样的地位；“痛苦”——束胸，阻止乳房发育；“恐惧”——怕因衣着触犯封建禁令，受到惩罚；“欲望”——解放身体、衣着暴露；“愤怒”——断发短衣，加入社会改革运动。到底哪一种服装能够表达那个混乱年代年轻人的生活态度和理想追求？在一度不知穿什么的混乱之后，民国时期女性的旗袍加西式风衣外套或皮草披肩，成了大都市名媛淑女们和上层精英们的普遍日常穿着，借鉴的就是好莱坞影星们的时髦装扮。但旗袍是我们独有的，单就旗袍来说，也是在借鉴了西方窄衣文化的审美上对我们传统宽袍的改良。这种亦中亦西的装扮体现了国人百年前对时尚的探索，对东西方文化和审美的兼容并蓄。

在近代以及近代之前，时尚和审美一直是权力阶层的体现。权力意味着掌握资源支配权，所以社会审美难免带有浓郁的权力色彩。但随着西方现代社会的到来，社会物质日益丰富，基本温饱逐渐改善，从而为社会普通民众对服装的更高追求提供了重要的物质基础，时尚开始由权力阶层的专属走向大众化和普世化。

然而中国，由于近代历史发展的复杂性，新中国成立之后经历了一个很长的物质匮乏期，这个时期是不具有时尚发展的物质基础的。改革开放的 20 世纪七八十年代，通过香港追随西方的脚步，国人才了解到西方现代社会的平民时尚。这个时候的中国时尚，应该说是在被动地接触了西方现代的生活方式之后又被动地接受了西方现代时尚。

因此可以说 2000 年之前，中国的现代化有待质疑和探讨，中国的现代时尚也还没有开始。这个时期，中国有没有时装设计师呢？有的。第一批对现代时尚进行探索的中国服装设计师如张肇达、胡社光、马可、郭培等，跟着西方现代审美的脚步，进行了现代时尚的初探，然而除郭培被法国巴黎高定协会承认之外，中国时尚并不被世界认可。2000 年之后，中国潮流文化的发端出现在了演艺圈。许多明星都创立了自己的潮牌。潮牌文化通过明星穿着和明星自创品牌的方式被大众所熟知。

我们说现代时尚是平民阶层主导的一股又一股潮流。如果说明星不能代表平民阶层，那么中国 80 后、90 后的学习过服装设计的新生代设计师们，他们的所思所想代表的恰恰是中国现代年轻人的思想和审美追求。随着中国现代社会的发展，很多中国的原创品牌在千禧年之后也渐渐涌现出来。2006 年设计师上官喆成立 SANKUANZ，用作品表达自己对社会的深刻理解；2007 年男装设计师周翔宇创立 Xander Zhou，传达世界多元化的理念；2016 年陈鹏成立服装品牌 CHENPENG，主张无性别化、无种族化、无年龄化的“平均时尚主义”……这些独立设计师品牌不被国籍定义，用服装设计表达对世界的思考，多次走向国际时尚舞台。还有许多潮牌创立之初就一直致力于对中国传统文化的诠释。2008 年创立的花笙记传承中国传统服装的韵味，推动唐装时装化。中国设计师原创品牌密扇以当今潮流的视角解读中国文化，再用别具一格的手法重新解构再设计，以现代设计融合传统美学，首创了“潮范儿中国风”的设计概念。山本耀司曾经预言，中国的世界级品牌将会诞生于 2012 年，无论是不是他说的这一年，中国现代时尚的概念和潮

流的确是在2000年之后形成的。

二、朋克与国潮

现代以及后现代的一个特征就是平民化、大众化、批量化。社会精英阶层的审美与大众审美之间会因为经济、社会地位等原因互相冲突。但最终，高高在上的精英审美会被大众审美所影响、改变和推翻，朋克的诞生和发展变化就说明了这一点。

朋克的本意是指朽木、无赖、劣质。20世纪70年代，一种融合了各类迥异的音乐风格，被当时舆论界定为朋克摇滚的音乐风格在英国悄然登场。1976年性手枪乐队带着朋克风格亮相，掀起了风靡欧美的街头朋克旋风。年轻人用这种方式表达对当时金融危机下经济衰退、失业频发、青年无所事事的社会的不满和反叛。朋克在服装上强调不对称的衣身结构、不协调的搭配关系、破坏的处理手法、另类的装饰风格。超短裙、紧身裤、金属铆钉和链条、撕裂的T恤、彩色莫西干发型、暗黑的妆容……年轻人用这种怪诞极端的方式表达和宣传着自己的生活状态和精神诉求。同时，表达出对当时社会主流思想、精英文化的质疑。朋克诞生之初，是被西方上流社会所鄙视和唾弃的，认为是难登大雅之堂的东西，但没过多久，就被有着“朋克教母”之称的英国著名服装设计师薇薇安·韦斯特伍德搬上了西方顶级时尚舞台。

在国内，国潮的出现从产生原因来说，似乎与西方异曲同工。

2000年之后，国潮服装品牌如雨后春笋般涌现出来，从随性不羁的街头风格到优雅气质的中式风格，国潮设计风格和设计元素五花八门，设计师在设计中表达的思考也丰富多样。中国青年消费群体庞大，需求也十分多样化，因此具有多元设计风格和设计表达的国潮服装在中国青年消费者中广泛流行开来。

从设计手法上分析国潮，国潮是借中国传统文化之名，做现代时尚之事，所以并不是不加思考地传承和复兴古典，而是从现代、后现代的角度去重新阐释古典。国潮是一种中西合璧的潮流。就像山本耀司所说，如果要做世界级的设计，就要有世界级的思维，不要误以为“民族的就是世界的”，“不要做土特产”。把民族传统文化不假思索、不加改变地拿出来晒，不是文化自信，而是文化自嗨。只有在传统的基础上加以现代的创新思维，以现代思维来阐释和解构传统，才能将本真的东西真实而自然地表露出来。所以，国潮的发生，有人是在自然地创造和追随潮流趋势，也有人是在拙劣地刻意模仿、哗众取宠。

从思想发端上分析国潮，其与朋克一样，出现在社会思想比较混乱的时期。西方现代科技和思想从新文化运动开始来到中国，并未被全盘接收也不可能全盘接收。中国近现代时尚潮流的艰难探索也表明了思想和社会形态的转变和探索。从本质上来说，国潮也是大众对主流的一种反叛。中国自改革开放以来，似乎学习西方的脚步加快了，尤其经济上，飞速发展，誓与西方比肩。这时候的社会主流和精英文化就产生了能否跟得上经济的发展，是不是像西方那样同步发展的问题。改革开放以来与经济发展同步的娱乐文化、港台时尚似乎成为主流，20世纪80年代对港台明星的模仿，20世纪90年代的哈韩哈日，似乎是主流文化倡导和引导下的大众跟风。这个时候的中国时尚就是模仿，没有自我。或者说年轻人暂时被这种潮流同化，因为没有别的选择和自我的主张。

朋克的横空出世，打破了欧洲一直以来的着装审美观念，一切不协调的、古怪的、非理性的、疯狂的着装和妆容一股脑儿地招呼到身体上。其用叛逆和嘲讽来向社会精英阶层的主流文化和审美观念发出挑战，以此反对社会的不公，精英阶层的虚伪，主流文化的狭隘自私和侵略垄断，以及上层人士为自身利益发动的侵略战争，社会贫富差距的扩大，同时争取底层人民的生存权利。因此，外在的着装，反映的是内在的思想。

同样的，中国2000年之后出现的潮牌，似乎也带有着那么一点儿叛逆的味道，只是由于中国人含蓄内敛的性格，这种叛逆不像朋克那样尖锐和决绝，而是比较含蓄，比较温柔，比较隐晦，但也潮流奔涌、来势汹汹、当仁不让。中国现代社会的主流文化思想是什么，暂且不论，但以娱乐的面目出现的所谓上层精英，实在令人反感。“我”不要“明星同款”，“我”也不要故意扭曲中华文化的国外奢牌，“我”不要这些来证明自己，“我”要塑造“我”自己。中国年轻一代的新潮思维，拒绝被同化、被误导、被强加。既然西方现代文明不是我们的文明，我们就应该找寻一种属于我们的文明和思潮。而年轻人对自身对社会的这种反思，就生动地体现在着装上。外来的我们不喜欢，就创造我们自己的；现代太混乱，我们就向古代借鉴。所以，潮范儿中国风应运而生，蓬勃发展。80后、90后的年轻人，有些直接一点儿的，直接汉服出街，以此来表明与主流思想作对的慢生活理念；而另一些不完全拒绝西方文化的，采取拿来主义，但在拿来的同时，自由自在地加入了我们喜欢的元素。21 世纪，西方现代文明从着装上来讲被中国化了，西方的，本土的，历史的，现代的，我们随心所欲地用年轻人的视角和艺术语言进行改变、混搭和玩味。也因此出现了密扇的现代侠文化“女侠”系列、中国美食文化“满汉全席”系列、以《西游记》故事为背景的“嬉游记”系列，以京剧等戏曲为灵感的“髦儿戏园”系列，以中医为背景的“丹”系列……乌丫的 20 世纪六七十年代的怀旧系列，以父母辈的旧军衣棉袄加少女味十足的夸张蝴蝶结纽扣搭配与之不协调的豹纹薄纱裙，潮范儿街头风的棉质外套搭配夸张无数倍的中国结盘扣，20 世纪六七十年代搪瓷茶缸上的牡丹芍药花和猫咪图案，奶奶 T 恤上的熊猫打麻将图案，20 世纪 70 年代的学生 T 恤搭配尖头高跟凉鞋等怪异、突兀的设计和百无禁忌的搭配，诠释着根植于中国传统文化的审美眼光和视角，将西方潮牌的自由、叛逆和本土元素有机地结合了起来，表达了年轻一代的自我时尚追求和主张，并以此来反对主流文化对大众审美的压制，以及发出年轻一代自由选择生活方式的宣言。年轻的中国 80 后、90 后服装设计师们，深知中国当代青年的精神诉求，用独特的设计思维，生动地解释了这股思潮。与朋克不同，朋克从出现到被认可经历了一个蜕变的过程，而国潮刚刚出现，就迅速被明星大腕们当作至宝穿上了各种时尚发布会和展示舞台。朋克与国潮，两者都生动地体现了现代社会（无论东西方）大众潮流文化是如何从边缘文化变为主流文化的。

三、中国潮流文化和时尚需要设计

21 世纪的今天，当潮范儿中国风的概念被一些设计师原创品牌提出并身体力行地掀起了国潮的浪花的时候，也不乏一些只顾商业利益的拙劣跟风者。固然说时尚潮流离不开商业支持，但完全不用心设计，只是想以最快的速度跟上潮流，从而分一杯羹的大有人在。因此，无论国内国外，我们经常会看到一些所谓的中国文化元素被拙劣地用在服装上，如司空见惯的“龙”“丝绸”“竹子”“阴阳太极”“乾坤八卦”“中国画”……似乎认为把我们的文化随随便便印在衣服或者鞋子上，就是做出了中国设计。要不然便是站在道德高点，挟持着民族文化，出一些千篇一律、毫无革新的唐装旗袍，打着传统文化的旗帜挑战着大众的审美。如果排除掉那些一眼可辨属于中国传统文化的衣服类型，如“旗袍”“唐装”和“汉服”，如何让人一眼看到便可以意识到这件东西能给人中国的感觉，它是由中国设计师做出来的，这是我们需要思考的问题。比如你对约翰 · 加利亚诺略知一二，熟悉他的风格，在一本时尚杂志上，看到一款设计，即便上面没有署名设计师，你也能够从众多的设计中，从这件作品本身看出它是加利亚诺设计的。其实也就是这件作品的气质本身，可以让你辨认出它的设计者是谁。

我们不是说汉服唐装不够美，就像日本人会穿和服上街，我们穿着传统服饰，去公众面前宣扬我们的传统文化是一件值得骄傲的事情。但设计师不一样，过去的中国设计师做出了唐装汉服，现在该有新的设计师去做新的东西了，而不是一定要把“中国文化”用时间去限制，只允许传统的东西是中国文化，不允许创造些新文化出来。

山本耀司在中国接受采访的时候，主持人问他，你是不是当时会考虑把日本的传统文化放到自己的设计中？山本耀司的回答是，自己不想被巴黎当成一个卖土特产的人。他说是西方人自己发现我作品里的日本元素的。而我们的设计，除掉丝绸、龙凤、牡丹花、本命年这些还有什么要表达的？对一些潮流品牌来说，身上并没有带上明显的国家特色元素，但是即使你不知道这件作品的背景，单纯从设计的内涵气质上来看，也可以知道这件作品背后的文化背景故事。这样的设计才是好的设计。如果中国的设计师品牌，逢衣服便想做成汉服或旗袍，逢印花便想印上太极或龙凤，你怎么忍心让一个爱国青年，穿一身印着牡丹花的汉服去和穿着 AJ 的外国友人打招呼？做“中国设计”不是站在道德高点去做“凡设计必中国”的东西，无脑地移植传统，标上传统的符号去消费人们的爱国情怀。这是一种虚伪的爱国情怀。文化，是有深层内涵的，不是肤浅地把传统的图案印上去就可以的。民族的，也不是每时每刻都是世界的。一件作品只有用设计真的去传达自己的理念和想法，才值得被人尊重和得到别人的认同。也许这就是《道德经》中所说的“大音希声，大象无形”吧。

杜嘉班纳的筷子广告，实实在在惹怒了国人，还有闹得沸沸扬扬的清华美院眯眯眼模特儿事件，中央美院摄影高材生的迪奥阴间风格宣传大片……这些来自外界的不怀好意和来自我们自身的对传统文化的扭曲，提醒我们应该用设计来进行反驳了。

英国著名历史学家艾瑞克·霍布斯鲍姆在《极端的年代：1941—1991》中写道：“为什么杰出的时装设计师们，这一众所周知不善于解析的族群，有时却能比专业的预言家们更准确地预测出事情的发展面貌呢？这可说是最重要的问题。对于任何想要理解剧变年代对于高雅文化、精英艺术，尤其是先锋派的影响的人来说，这也绝对是一个关键问题。”解开了疑问便不能称之为时尚，时尚总是如此抽象难以捉摸。

第六章

原创服装营销方法与原创设计意义的思考

第一节　新的设计、生产模式催生新的经营销售模式

从市场营销和品牌运营的角度来讲，原创设计师品牌的经营与销售与传统服装品牌有着很大的不同。其依靠网络营销平台，如抖音、微信等，经营和销售方式灵活多样。

2000年之后，淘宝、天猫、京东等电商平台崛起，迅速占领和挤压了实体店的市场，各种实体店举步维艰、门庭冷落。传统的营销方式猛然地受到了网络的巨大冲击，面临被淘汰的困境。随着网络营销和快递行业的迅速发展，现代社会迅速发展到高速、高效、便捷、便利的新高度，购物不再必须去商场，甚至不必出门，你的所需网店几乎应有尽有，动动鼠标，快递立刻送货上门。便利、高效、快捷的生活方式成为现代人生活的主流，但与此同时，“慢一点”的生活理念也不断地进入人们的生活之中。而生活应该是丰富的，多面的，有快就有慢，有高效也应该有悠闲。

个人认为正是人们多样化的生活需求挽救了实体经营，但传统的商业化的经营和销售模式必须转型，从而适应人们除快速高效之外的“慢一点”和“生活+”的多样化追求。所以，融合了餐饮、服饰、家居、休闲娱乐、艺术等多方面综合性的“生活+”店铺和业态也开始慢慢出现，展开对抗网店的逆袭。

在“生活+”模式里，商家的主营业务不明显，往往是各种商品的综合性体验和销售，购买一种商品或服务的同时会得到其他商品和服务的附加值。比如一些设计师原创品牌，除了经营线上店铺，线下还升级了服装加下午茶、咖啡馆、艺术沙龙等花样繁多的生活体验店，来多方面满足和丰富消费者的生活感受。顾客消费的到底是服装还是这种美好的生活感受？这种新的营销模式，让人们淡化了营销的存在，那种传统的、单一货品的，为了购买而来的，目标枯燥又明确的，让人逗留几分钟就想走出的店铺会逐渐成为市场的非主流，而综合性的、体验式的、享受型的、参与式的、目标不明确的、带有购买附加值的全新业态将成为市场的主流。因为是多种业态的综合，所以就出现了“跨界合作”的概念，变为你中有我，我中有他，大家组合在一起，形成多元化和多样化的休闲娱乐和销售经营新模式。比如书店和咖啡馆的结合，你可以去买书，也可以不买书，而是选几本书店里你喜欢的书，去书店里面的咖啡馆，点上一杯咖啡，将自己埋进书的故事情节中，消磨一下午的悠闲时光。是书店或是咖啡馆还是图书阅览室？是有书店的咖啡馆还是有咖啡馆的书店？你怎样定义它都行。无论你买书还是只看不买，你都进行了消费，并且这种舒适惬意的环境会让你在店内一直停留，使其变成除了家里的起居室和朋友的聚会场所之外的另一个享受生活的空间。再比

如位于重庆喵儿石的原创设计师服装品牌卡莎塔妮娅（castalian）体验店，也是这样一个集艺术、设计、生活与商业于一体的组合——试衣服的同时可以喝下午茶还可以聊天和听音乐。设计师认为，女人不仅需要有设计感的衣服，更需要一个适合挑选和体验衣服的环境。这种环境，定然不像传统商场里的卖场一样匆忙和枯燥，在这个店里或者说在这个家居环境里，衣服不是像商品那样陈列在货架上，而是像在自己家里一样挂在衣橱里，搭在沙发或椅背上，或是穿着在设计师的人台上，甚至可能是一件未完成的、设计师和制衣师正在制作的还等待客户来提意见修改的半成品，轻松、休闲、随意、慵懒而又艺术。设计师和店员认为顾客试衣服应该是一个享受生活的过程，而不是仅仅为了购买。顾客应该坐下来慢慢欣赏，慢慢感受，而不是买了衣服就走。为了实现“慢下来感受服装”，2017 年，卡莎塔妮娅体验馆 & 工作室在重庆喵儿石建立，室内布置像居家环境和艺术沙龙、设计师工作室的综合体，生活气氛和艺术气息浓厚，让人完全感觉像是置身于朋友或自己的家中，十分放松。一只叫作“水晶”的汪星人每天趴在店门口热切等待，有人上门便欢喜地迎上去摇尾巴。在慵懒的午后，边试衣边喝下午茶、聊天和听音乐，顺带还能淘点儿软装小玩意儿，非常惬意。顾客通常一待就是半天，然后带着设计师的“独家定制款”满载而归，购买衣服变成了享受生活的过程中顺带的事情。在这个店里，或者说设计师工作室里，或者说朋友的客厅里，你可以慢下来随意参观和试衣，还可以和设计师、店员像朋友那样交流，买衣服变成次要的目的，交流、休息和享受生活才是主要内容。在这里，服装没有年龄的限制，或者说设计师的年龄就是顾客的年龄，也就是设计师所设计的服装适合人群的年龄，同龄人像朋友那样交谈和交往，非常自然，设计师的设计是随着自己和顾客年龄的增长而动态地变化着的。风格更是不受限制，没有特定的风格束缚，设计风格随设计师和顾客的喜好和心情、想法而不断变化。顾客甚至可以将自己的要求直接传达给设计师，进行量身定制，完全打破了传统店铺里你只能买我这里现有的东西的概念。设计、生产和销售、体验融为一体，变成一种不断变化着的动态的经营实体。

另一个综合性营销实例——碎蝶，其经营理念为跨界，是潮流，是时尚，也是一种生活哲学。在这里，它是一个空间，一个无边界的地域，需要什么，我们就适配什么。M1616 牛仔原创生活馆 + 独立摄影师俱乐部 + 碎蝶音乐咖啡……完全不同领域的跨界合作。摄影师在这里展示和讲解他的作品，给大家普及什么叫作“半格拍摄”，看不懂没关系，喜欢就行。服装设计师的原创品牌作品，摆在这里供人参观和购买。或许墙上还挂着著名画家近期的作品呢，你喜欢，就欣赏和购买吧。同时这里播放着某个年轻音乐家最近创作的歌曲，这里也是个咖啡馆。你来消费、感受、娱乐和玩吧，体验休闲艺术的慢生活吧。如果你运气好，可能会遇上一场正在这里举办的服装设计师作品发布秀呢。不需要买票进入，不需要特别邀请，你直接走进去就行。然后喝着咖啡，听着音乐，享受艺术和生活，心情好的话，顺便买点儿你喜欢的东西带回家。一切都是无目的或目的不明确的，唯一的目的是，感受和享受生活。

韩国眼镜品牌 Gentle Monster 位于上海的店铺走进去就像一个古典的、现代的、后现代的艺术作品汇集的艺术展览馆，像一个展厅，一个画家的画室或工作室，你根本不会认为那是个眼镜店，眼镜在哪里？在角落里，不容易被发现，似乎不是销售主体。也许走进店里的顾客不是抱着购买眼镜的目的，而是被那些稀奇古怪的艺术作品吸引进去的。店铺的布置充分激发了人们的好奇心，在一个巨大的空间里，大量与眼镜无关或有关的艺术作品陈列在那里，告诉你一些和艺术和生活相关的故事。你是去艺术展览馆欣赏艺术？还是去眼镜店购买眼镜？目的可以不明确。但你一定会在里面逗留很久，会有所感受。然后，在被艺术气氛感染的心情中顺便买个墨镜扮扮酷或者买一幅现代绘画作品回去给自己的房子扮扮酷。

成都太古里 Joyce Gallery 则服装工作室和店铺销售相结合。进入店铺的感觉像是进入了一个服装设计工作室。墙壁上贴着设计师绘制的服装效果图和设计创意灵感来源草图。店铺内放置一张裁剪桌或者设计桌，人台和缝纫机一应俱全。把坯布做的样衣和成衣放置在一起，甚至有未完成的样衣穿在人台上。很有可能设计师本人也正在店铺里，构思着下一季的单品或某位顾客的私人定制款式。Joyce Gallery 让顾客置身于一个像设计工作室一样的店铺，满足消费者对服装制作的好奇，提供他们体验服装制作过程的乐趣。

未来，或许服装与造型也将相结合，相统一。顾客到店选购参加某一活动或出席某一场合的服装，如礼服，同时会有造型师和化妆师帮助顾客穿完服装后进行与服装和顾客即将出席的场合相适应的化妆造型。这种服装、化妆与造型相结合的完美服务将会极大地吸引一部分消费者的兴趣。现在的经济不好，很多服装店都倒闭了。笔者身边却有一个服装店，生意红火，逆市扩张，扩大了300多平方米店面。这个店整合了女装、童装、咖啡厅、直播带货、网店、社群、摄影等多元化的服务，提升了人们的购物体验感。现在的实体店想要做好，也要转变思维，不能再是单一的卖货模式。要结合网络消费、情景消费，玩社群，积累私域流量，打造视频号IP，做粉丝经济。深耕细作，做好一个领域，需要不断学习、创新，才能跟得上这个网络时代。

以后的时尚营销领域，像这样集音乐、绘画、设计、文娱、交流、体验为一体，融合了静态和动态，以及视觉、听觉、触觉、味觉等多方面感受的综合性的带有多种消费附加值的营销实体应该会越来越多。电影可以和服装结合，绘画可以和服装结合，家居可以和服装结合，咖啡馆可以和秀场以及服装品牌结合，甚至有各种稀奇古怪的元素的结合，给人们提供着多方位的全面的需求和体验。人们是去消费，同时是去感受和享受其中，得到物质和精神的双重满足。像这样不受网络销售影响的、与网店并驾齐驱的实体经营店铺，应当逐渐成为人们生活的新发展和新文化。对商家来说，跨界合作是未来商机中重要的方向，是现代生活方式的新概念。

有人说，他们之所以喜欢去巴黎，是因为巴黎的咖啡馆和餐馆风格各不相同，且都非常艺术，用餐是一种慵懒的享受。那么未来，你之所以愿意逛服装店应该也是为了一种享受，因为每一个品牌，每一家店铺，将会给你完全独特的、不一样的体验和感受。艺术化地着装、艺术化地栖居将是人们未来的追求。

现代社会的营销应当是一种体验式的营销，消费者购买的是服装或眼镜或画作或任何一种商品，但购买更多的是这些物品给人们塑造和创造的一种生活方式、情感体验、故事、历史和文化，是消费者体验生活、感受艺术过程中的一种顺带的购买，而不是为了购买而购买。这其中，被购买物品的实用价值被淡化，而艺术和情感价值提升。这就是全新营销模式下的商品附加值。也就是说，消费者不仅购买了商品本身，还购买了这些商品带给消费者的情感和生活体验，购买了商品背后的故事，和商品给消费者构建的生活方式和角色体验。比起商品本身，估计促使人们愿意掏钱购买的更多的是这种商品的附加值。商家的跨界合作、综合营销极大地满足和丰富了消费者物质与精神的多方面的购买需求，体现了后现代社会多元化的“生活+”和“慢一点”的生活理念与随之而来的营销思维和模式转型。

第二节　原创设计的重要意义

现今，快时尚的抄袭时代已经过去，时尚界又回归到了诚实设计与推崇原创的时代。而且不仅仅是设计原创，销售模式也在不断推陈出新。只有原创才能够真正地打动人心，快餐式的设计和销售，只能是昙花一现，不能持久地在时尚界立足。现代社会经济水平越来越高，人们的要求越来越多元化，这就要求时尚在原创的基础上不断地快速更新，以适应市场的需要。而多元化的社会要求人们更加尊重本民族独立的、特有的文化内涵，设计要立足于文化的根基，不应人云亦云。设计的个性来源于历史文化，这就要求我们现代的服装设计师们立足于本民族的文化，深入挖掘，深入探索，设计出能够立足于世界的、独一无二的、能够给予设计界灵感启发的、引领时尚潮流的原创设计作品。

日本著名服装设计师山本耀司曾说中国的时尚和原创设计应在21世纪出现。这一说法可以说基本已经实现了。21世纪初，蓬勃发展的国潮品牌就是中国时尚的开端。无论国际潮流和时尚界是否认可，我们的时尚，根植于传统中华文明，裹挟现代、后现代潮流，就这样突然出现并影响国内外时尚界。无论如何，世界也无法无视我们国潮的兴起。

著名画家方力钧说过传承与创新的关系，一个恐龙蛋化石，是恐龙基因的传承，但它是化石，它已经死了，死了的东西不能说是传承。而火鸡，据说是真正恐龙基因为了适应大自然的要求，经过了多次改良而出现的新物种，火鸡这个物种恰好就是恐龙基因的传承。传承不是完全不改变，时代变了，条件变了，环境变了，古典的基因必然在传承的过程中进行改变。这种改变，并不是从根本上推翻，而是在原有的基础上，让传统的基因更加适应现今的环境和条件。我们热爱我们的传统文化，传统文化有太多美好的、经典的、打动我们感染我们的元素需要我们传承。但中国传统服饰是为了适应传统社会君臣父子的社会秩序而生的，是不适合现代社会民主平等的基本要求的。因此，传统的在被我们拿来和继承的同时，我们要打破，要提炼，要更新，让它们更适应我们现代的生活、思想和理念。同时，我们现代社会的不足，也可以通过对传统的回望和反思来弥补。

中国服饰里的礼仪文化，人民对美好生活的朴实愿望，放之四海而皆准。它可以影响与缓和我们现代社会因科技快速发展而没有节制的进取精神，和对自然的过度索取所引发的环境污染、贫富差距悬殊等社会问题。中国古典哲学中的“中庸”“和”的思想是时候拿来指导我们如何进行社会和谐的维护了。“仓廪实而知礼节，衣食足而知荣辱。”在全人类普遍进入现代文明社会之后，如何继续发展、和平共处，成为我们现今最关注的问题。

从穿衣开始，秉承中国传统文化和哲学思想；将“礼”贯穿内外，世界需要中国的原创和中华文明的影响。我们的文化、信仰，对自然、科学、人文、社会的认识，我们积极地学习西方的优秀文化，但也不会忘记自己的传统文化，国潮就是将这两者结合起来的统一体。它形象地解答了什么是中国目前的时尚，预示着我们的文化自信和自主。民族的即世界的，民族的也并不完全是世界的，世界是各民族的综合。世界是多元的，我们也已经进入了一个多元文明的时期，尊重文化，尊重历史，在传承的基础上创新，在创新的同时反思，是我们今天时尚界需要去做的事情。时尚并不只是与市场和销售有关，它还关联着我们社会的各个方面。

延伸阅读：学生国风服装设计作品赏析

一、郁垒神荼（图 6-1 至图 6-9）

此作品设计灵感来自《山海经·大荒北经》中的郁垒神荼的故事。郁垒神荼是民间传说中的守护神，中国民间年画中多绘制这类题材，表达着百姓希望生活免灾免难，祈求平安的朴素美好的愿望。古籍中记载郁垒身穿黑色战袍，因此作品在设计中主要以黑白灰为主色。黑色不仅是郁垒的化身，而且它厚重沉稳，就像承载中华民族几千年来繁衍生息的沃土；白色纯净无瑕，如同孩童般真挚的赤子之心；灰色容纳百川，是东方浩瀚书海诗情画意的介质——水墨。为了强调“守护”的含义，图案设计主要为年画中的郁垒神荼、虎、孩童形象。提取郁垒元素融入版型，神荼直接作为此次设计中的图案元素装饰于服装上。

此系列设计以梁平年画为切入点，运用“五子登科”“郁垒神荼”“二郎神”“老虎”等年画图案，提取西南地区马蓝草木染的色彩——靛蓝，融入传统元素和夸张廓形，配以盘扣、流苏、绒球、飘带、玉

图 6-1　2018 级 1 班　刘红赟

图 6-2

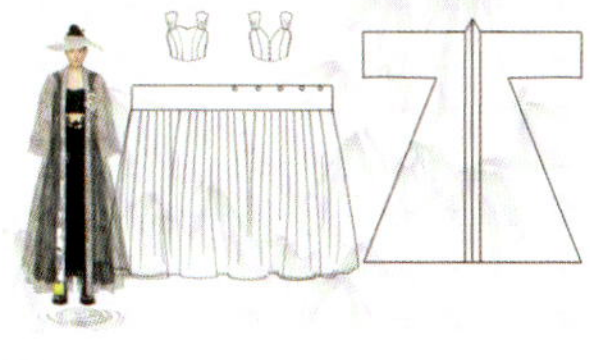

图 6-3

图 6-4

图 6-5

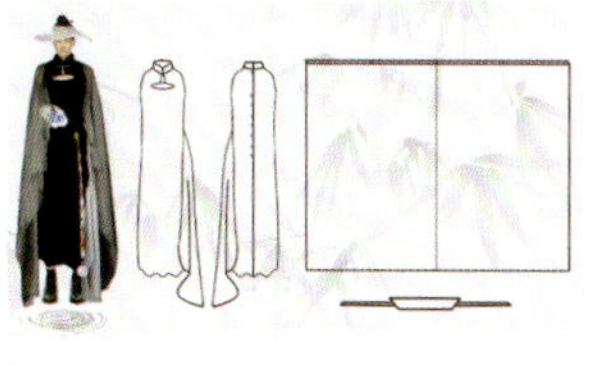

图 6-6

图 6-7

图 6-8

图 6-9

坠，传统元素与现代审美相互碰撞出火花，体现西南靛青山水蜿蜒远去，朦胧的水雾下年画演绎的神秘东方意境。

二、鱼跃棠开（图 6-10 至图 6-21）

灵感取自《大鱼海棠》这部动画片。

我羡慕大鱼，它可以自由自在地在海里遨游不受世俗牵绊，依然充满希望地游着，它所生存的地方，永远是我最向往的地方。

每个现在还可以活着的、幸存下来的人其实都是漂浮在深海里的那一条巨大无比的鱼，我们每个人的生命历程其实都像在横越大海。死后人类的灵魂会化作一条大鱼，游向海中之底世界的天空的一个尽头，那同时也是我们最后一个魂魄可以永久长存的神秘的世界，那个浩瀚海底世界上的天空也就变成连接着整

图 6-10　2018 级 1 班　陈欣雨

图 6-11

图 6-12

图 6-13

图 6-14

图 6-15

图 6-16

图 6-17

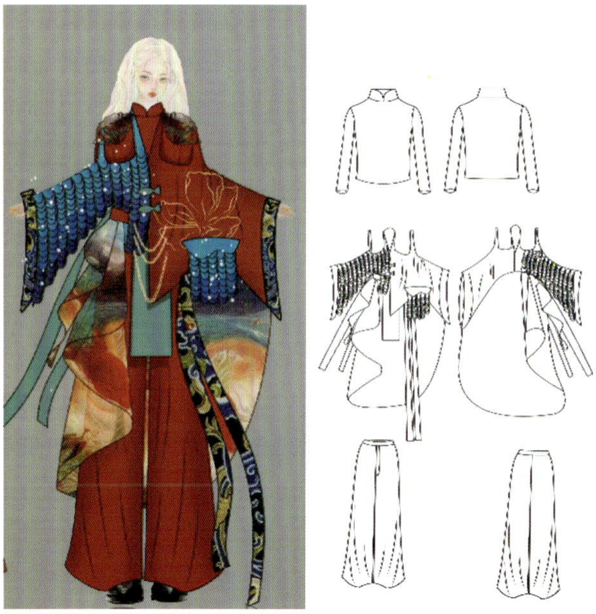

图 6-18

图 6-19

图 6-20

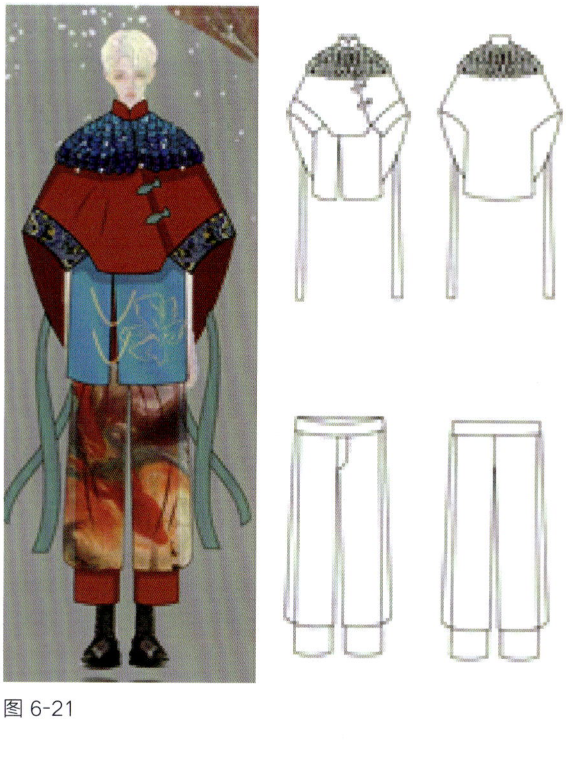

图 6-21

个浩瀚人间世界的浩瀚大海。那里自然也有了另外一个最古老而又神秘的大村子，村里的人掌管着整个浩瀚人间世界之上的所有一切自然规律、万物生长，掌管着每一条从天而降的大鱼。掌管海棠花的花神叫椿，她在成人礼那天去人间游历时遇害，被一个人类男孩所救，男孩因为救她失去生命。因为心存愧疚，椿回到她的世界找灵婆用自己的半条寿命换回了男孩的灵魂，是一条小鱼叫鲲，等到鲲长大就能从海底世界回到人间重生。椿不顾世俗的反对，不害怕天灾，经过重重磨难将鲲养成了一条大鱼，最终和鲲一起游向人间。

服装设计充满了中国传统神话里的奇思妙想。

三、假面胡人（图 6-22）

灵感来源于白居易的《西凉伎》，这首诗描绘的是在安史之乱后，唐王朝的国力非常的衰落，狮子原本是盛唐时期边境国家送与唐王朝的贡品，但是现如今唐王朝衰败后，敌人却在大战之前的酒宴上用舞狮来讽刺唐王朝统治者的无能和边境将士的畏敌不前、宴乐忘仇，使得沦陷区人民遭受敌人的残酷奴役的故事。这首诗表达了对边境将士的无限愤慨和对沦陷区人民的深切同情，以及人民对于战争的厌恶和对于和平生活的向往。

服装设计将古装侠客刻板的形象与舞女婀娜多姿的造型相结合，款式多为长款紧身的大衣风衣，设计简洁，突出坚挺的肩部设计和紧身的腰部结构，让人一眼就被看出着装者是一个英气飒爽的侠客。腰部的设计被作为重点，在保证服装整体英气的情况下，用腰封和腰带将腰部收紧，使得服装贴合女性的身体结构，将女性的特征表现了出来。此外，用舞狮的元素来突出设计，增强了服装的视觉效果。

此作品获得第十届全国高校数字艺术设计大赛重庆赛区三等奖。

四、与鹿同乘（图 6-23、图 6-24）

设计灵感来源于敦煌壁画《鹿王本生图》。《鹿王本生图》是敦煌莫高窟第 257 窟的北魏时期的壁画，以横幅长卷形式连续画出佛的前身九色鹿故事的八个情节，是敦煌最早的横卷连环故事画。九色鹿的故事情节生动，赞美了九色鹿的慈悲为怀、积善成德，也宣传了“恶有恶报、善有善报”的善恶因果思想。作品于衣服上运用九色鹿图案，衣服上隐隐约约有山脉环绕，九色鹿显得更加灵动活泼。

五、丝路 · 霓裳（图 6-25）

丝绸之路是中外文化交流的桥梁。敦煌处在这桥梁的关键位置，中外文化在这里交融。莫高窟壁画见证了敦煌辉煌的历史，壁画中的故事元素，成了设计师们的灵感源泉。

这次设计的服装，在廓形上以较为宽松的大廓形为主，结合壁画故事的人物服饰，壁画的装饰纹样，选用明度纯度较低的颜色，来体现敦煌的历史感，以此呈现出带有历史感且符合当代审美情趣的服装。

此作品获得第九届全国高校数字艺术设计设计大赛三等奖。

图 6-22　2018 级 1 班　杨小莹

图 6-23　2019 级 1 班　赵改竹、谭金容

图 6-24

图 6-25　2018 级　刘芯雨

六、诸恶退散（图 6-26、图 6-27）

设计灵感来源于中国的门神文化。门神，即司门守卫之神，是农历新年贴于门上的神灵形象，用以驱邪避鬼、护卫家宅、保平安、助功利、降吉祥等，是中国民间深受人们欢迎的守护神。神荼和郁垒二位门神在民间早有流传，《山海经》《风俗通义》《三教源流搜神大全》等典籍都有记载。

本作品将中国的传统门神和新的创作理念相结合，传统与现代的碰撞让门神也带上了一些时尚气息，在展现中国传统文化的基础上，将守护家宅的门神穿戴上身，寓意大家平安顺遂。

此作品获得第九届全国高校数字艺术设计大赛三等奖。

七、雾都记忆（丝巾图案设计）（图 6-28 至图 6-30）

主题为巴渝地区的文化瑰宝集合，灵感来源于重庆非物质文化遗产体现出的独特魅力。在设计中，运用大面积插图，辅以传统纹样进行点缀，体现现代时尚与传统刺绣图案的结合。从神秘的巴国鸟形尊，到土家吊脚楼，古典与民族两种不同风格的融会贯通，充满了艺术色彩和人性之美。这是对千年巴渝文化的尽悉诠释，是独属于巴渝的文明之光。古老的鸟形尊神情严肃地守护着背后的山茶花，千手观音的头饰化作长江水，一尾鱼儿从中跃起，白鹤正要起舞，云雾中的吊脚楼若隐若现……

此作品获得第九届全国高校数字艺术设计大赛重庆赛区三等奖。

图 6-26　2018 级 1 班　周玄

图 6-27

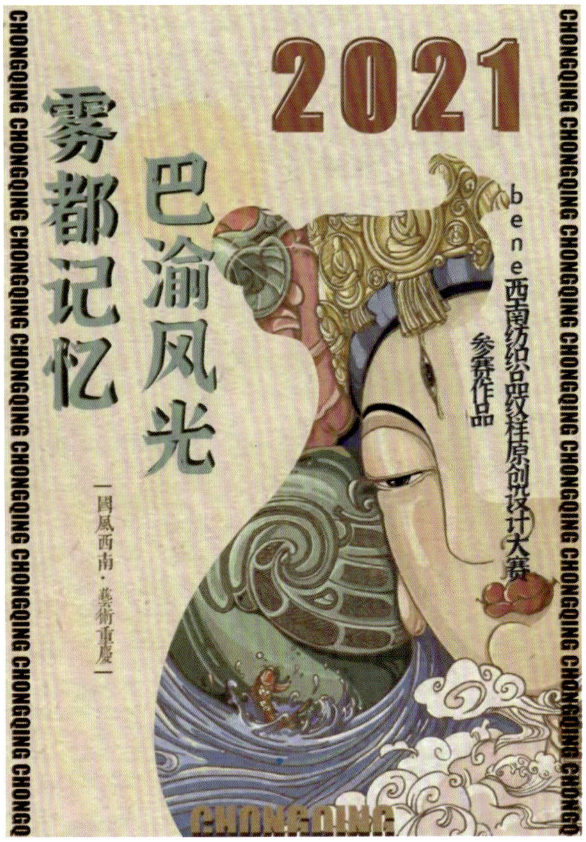

图 6-29

图 6-28　2018 级 1 班　付靖芝

图 6-30

参考文献

[1] 曹胜高，岳洋峰 . 汉乐府全集：汇校汇注汇评 [M]. 武汉：崇文书局，2018.

[2] 郑军 . 民间吉祥图案 [M]. 北京：北京工艺美术出版社，2005.

[3] 陈芳，蒋玉秋，张玉安，贾玺增，王子怡 . 粉黛罗绮：中国古代女子服饰时尚 [M]. 北京：生活 · 读书 · 新知三联书店，2015.

[4] 文轩 . 中国传统吉祥图典 [M]. 北京：中央编译出版社，2010.

[5] 栾威，张岩著 . 国潮纹样 [M]. 北京：机械工业出版社，, 2019.

[6] 张慧芸 . 诗经 [M]. 北京：团结出版社，2018.

[7] 王阔，梁燕 . 基于扎根理论的"国潮"服装图案设计方式研究 [J]. 服装设计师，2021（8）：87-96.

[8] 夏妍 . 中国国潮服饰的设计表现分析 [J]. 纺织报告，2021，40（7）：73-74.

[9] 张亚丹 . 文化自信视角下"国潮"服装设计研究 [J]. 工业设计，2021（4）：136-137.

[10] 吴航硕，马烁 . 中国传统纹样在国潮风服装中的应用 [J]. 艺术品鉴，2021（3）:94-95.

[11] 杜嘉一，胡艳丽 . 浅析地域性 IP 在国潮服装设计中的应用——以京韵文化为例 [J]. 纺织报告，2020，39（10）：69-70，76.

[12] 杨怡晨 . 传统纹饰在国潮服饰中的创新运用——以汉画纹样为例 [J]. 山东纺织经济，2020（9）：30-32.

[13] 曹宇培 . 真假国潮 [J]. 中国服饰，2020 （8）：72-73.

[14] 袁林 . 互联网新营销模式下的"国潮"服装品牌发展研究 [D]. 大连：大连工业大学，2020.

[15] 张妍 . 国潮风服装设计——旗袍之美 [J]. 艺术大观，2020（20）：27-28.

[16] 韩云竹 . 浅谈国潮服饰品牌的设计与方法 [J]. 明日风尚，2020.

[17] 李艳，刘秀，陆梅 ."国潮"品牌发展趋势及设计特征研究 [J]. 设计，2020,33（9）：71-73.

[18] 杨硕，刘卫东 ."国潮"研究：潮牌文化与中国文化融合下的服装设计新趋势 [J]. 湖南包装，2020（2）：102-106.

[19] 唐晓晨，肖楠 . 中国潮牌服饰设计的运用与创新 [J]. 西部皮革 ,2020,42(5):100-102.

[20] 周家铭，魏思颖，何铠旬，徐俊杰 . 国潮服装发展现状及核心竞争力提升建议 [J]. 西部皮革 ,2020（3）：26-27.

本书图片资料多选自盖娅传说、密扇、坏品味西部、云思木想、花木深、四斤自制等设计师原创服装品牌

后记 POSTSCRIPT

《中国传统元素与服饰设计》这本书的撰写，是受到卢博佳所著的《传承与创新——传统服饰文化对现代服装设计的影响》一书的启发。过去的一个多世纪，从新文化运动开始，我们为了强大我们的国家西学东渐，认同西方的科学、文化、思想观念，甚至模仿西方的生活方式。希望通过学习西方，迅速地让我们的国家从前现代进入现代。然而，经历了一个多世纪的变革，我们发现，在物质高度发达的今天，人们的精神却无所依托。回想过去，我们毅然决然地放弃了我们几千年的传统文化向西方学习，学习没有错，但一味照搬照抄，失去自我就会出现问题了。西方的一切包括时尚，在过去的一百多年，随着他们的坚船利炮横扫和“统治”了全世界，他们企图通过他们的精英阶层所建立的现代思想统治全人类。但事实证明，这种强大只是表面上的，对人类整体发展没有太大的益处。每个国家和民族都有他们长久以来的历史和文化，世界是多元的，传统的中华文明与现代西方文明相比较，有其更加辉煌的内涵。现代西方精英们所主导的世界，充满了战争、病毒等灾难，这种现代文明正在遭受人们的质疑。包括在这种现代思想主导下的时尚观念是否适合所有人？这个问题值得思考。

200 多年前，哲学大师黑格尔在海德堡大学开始他的哲学史的讲演的时候，曾经对他那个时代轻视精神生活的社会风气感慨万分。他说：“现实上很高的利益和为了这些利益而作的斗争，使得人们没有自由的心情去理会那种较高的内心生活和较纯洁的精神活动，以至许多优秀的人才都为这种环境所束缚，并且部分地被牺牲在里面。”黑格尔所描绘的 19 世纪初期的社会风气，在人类进入 21 世纪的时候，不仅重新出现了，而且显得更为严重了，无论是发达国家或者是发展中国家，都面临着一种危机，即物质的、技术的、功利的追求在社会生活中占据了压倒一切的统治地位，而精神的活动和精神的追求被忽视、被冷淡、被挤压、被驱赶，这样发展下去，人就可能成为马尔库塞所说的“单面人”，成为没有精神生活和情感生活的单纯的技术性的动物和功利性的动物。因此，从物质的、技术的、功利的统治下拯救精神就成了时代的要求和呼声。我们当代的美学应该回应时代的要求，更多地关注心灵世界与精神世界的问题，而这正好引导我们回到中国的传统美学，引导我们继承中国美学特殊的精神和特殊的品格。

在现代或者后现代的中国，“国学”复兴，传统文化复兴，并被年轻人所喜爱，这表明了中国现代的年轻人已经在思考这个问题：西方现代文明存在很多弊端，并不能够让全人类走向幸福，物质高度发达的同时精神无处安放，无限制地对财富的追求，社会竞争所造成的压力、自杀、抑郁，让年轻人面临许多无法解决的精神层面的问题。这个时候，我们需要自省，向传统文化寻根溯源。时尚领域的表现为 21 世纪前所未有地出现了“国风潮牌”的概念。中国的年轻人，正在以衣着为媒介，向人们表达着他们的精神诉求。

最先发现“国风潮牌”这个概念的时候，是我在网络平台上看到“密扇”这个服装品牌，那是 2014 年，密扇品牌刚刚通过淘宝这一网络销售平台亮相。看到的第一眼，我就被这个品牌所表达的中国传统文化意味迷住了。密扇不是一味复古传统，其既传统又时尚，是以一种全新的手法去表现和再现传统，并不排斥现代和后现代的西方设计，而是巧妙地运用了西方现代潮范儿设计的手法去诠释中国传统文化：既古典又现代，既东方又西方。在此之前，中国没有现代时尚，中国的服装设计一直在亦步亦趋地模仿、跟随着西方，而密扇与密扇一般的服装品牌，宣告了中国现代时尚的到来，也同时宣告着中国年轻人的思想观念的转变和时尚新主张。与密扇一般的一大批潮范儿中国风的时尚品牌：坏品味西部、云思木想、花笙记、乌丫、芥末、花木深、盖娅传说、拉飞姆、四斤自制等，共同诠释着中国现代年轻人对传统的态度和对时尚的理解。

在此，我非常感谢密扇等“国风潮牌”给予我的灵感，感谢它们提供给我的这些丰富资料，使我能够完成这本书，以我还不够成熟的观点，向大家阐释中国现代时尚，借此引发大家对现代人思想、文化、观念、生活方式及人类发展等多方面的思考。祝愿我们 21 世纪的中国原创服装设计师们，不断地设计出更多更好的作品，让我们的时代丰富起来，让人类的精神文明更进一步。